# 心理健康教育与学校管理策略研究

朱晓艳　张　晟　常　慧◎著

中国出版集团　现代出版社

**图书在版编目（CIP）数据**

心理健康教育与学校管理策略研究 / 朱晓艳，张晟，常慧著. -- 北京 : 现代出版社，2023.6
ISBN 978-7-5231-0348-7

Ⅰ. ①心… Ⅱ. ①朱… ②张… ③常… Ⅲ. ①心理健康一健康教育一研究②学校管理一研究 Ⅳ. ①G444 ②G47

中国国家版本馆CIP数据核字(2023)第100396号

**心理健康教育与学校管理策略研究**

| | |
|---|---|
| **作　　者** | 朱晓艳　张　晟　常　慧 |
| **责任编辑** | 张红红 |
| **出版发行** | 现代出版社 |
| **地　　址** | 北京市朝阳区安外安华里504号 |
| **邮　　编** | 100011 |
| **电　　话** | 010-64267325　64245264(传真) |
| **网　　址** | www.1980xd.com |
| **电子邮箱** | xiandai@ cnpitc.com.cn |
| **印　　刷** | 北京四海锦诚印刷技术有限公司 |
| **版　　次** | 2023年6月第1版　2023年6月第1次印刷 |
| **开　　本** | 185 mm×260 mm　1/16 |
| **印　　张** | 10.5 |
| **字　　数** | 244千字 |
| **书　　号** | ISBN 978-7-5231-0348-7 |
| **定　　价** | 52.00元 |

# 前　言

心理健康是学生健康成长的重要指标，心理健康教育是素质教育的重要组成部分，是学校德育工作的重要内容之一，其实施效果与学生的心理发展状况息息相关。在教育发展进程中，心理健康教育越来越受到重视，如何提高心理健康教育的效果，进而更好地促进学生的健康成长，也成为教育工作者必须思考的问题。学校的管理核心是以人为中心，有效的管理是学校生存、发展的基石，起着核心的作用。

基于此，本书以“心理健康教育与学校管理策略研究”为题，全书共设置六章：第一章围绕心理健康教育展开，主要探讨健康与心理健康、心理健康教育及其发展趋势、心理健康教育体系的革新；第二章探索学校心理健康教育的目标与任务、学校心理健康教育的原则与途径、学校心理健康教育的内容体系；第三章从学校心理健康教育重防优治策略的角度展开，探究新时代学校心理健康教育的特性、学校心理健康教育的防治视角转换、学校心理健康教育的预防机制；第四章分析学校管理心理学的溯源、学校管理心理学的理论基础、个体及群体心理与学校管理；第五章讨论学校管理的精细化策略，包括精细化管理与学校的精细化管理、学校教学与管理者的精细化管理、学校公共关系与工作事务的精细化管理；第六章探究心理健康教育与学校管理的协同策略，从学校管理在心理健康教育中的效能、基于心理契约的学校绩效管理研究、积极心理学在我国学校教育管理中的实践三个方面展开。

全书内容通俗易懂，结构层次严谨，条理清晰分明，从心理健康教育相关的基础理论入手，拓展到学校心理健康教育策略、学校管理与心理健康教育的协同共进，兼具理论与实践价值，可供广大相关工作者参考借鉴。

笔者在撰写本书的过程中，得到了许多专家学者的帮助和指导，在此表示诚挚的谢意。由于笔者水平有限，加之时间仓促，书中所涉及的内容难免有疏漏之处，希望各位读者多提宝贵意见，以便笔者进一步修改，使之更加完善。

# 目　录


第一章　心理健康教育概述 …… 1

第一节　健康与心理健康 …… 1

第二节　心理健康教育及其发展趋势 …… 5

第三节　心理健康教育体系的革新 …… 17

第二章　学校心理健康教育的理论基础 …… 23

第一节　学校心理健康教育的目标与任务 …… 23

第二节　学校心理健康教育的原则与途径 …… 25

第三节　学校心理健康教育的内容体系 …… 27

第三章　学校心理健康教育的重防优治策略 …… 50

第一节　新时代学校心理健康教育的特性 …… 50

第二节　学校心理健康教育的防治视角转换 …… 57

第三节　学校心理健康教育的预防机制探寻 …… 66

第四章　学校管理的心理学发展 …… 75

第一节　学校管理心理学的溯源 …… 75

第二节　学校管理心理学的理论基础 …… 78

第三节　个体及群体心理与学校管理 …… 89

第五章　学校管理的精细化策略 …… 101
第一节　精细化管理与学校的精细化管理 …… 101
第二节　学校教学与管理者的精细化管理 …… 107
第三节　学校公共关系与工作事务的精细化管理 …… 126
第六章　心理健康教育与学校管理的协同策略 …… 130
第一节　学校管理在心理健康教育中的效能 …… 130
第二节　基于心理契约的学校绩效管理研究 …… 135
第三节　积极心理学在我国学校教育管理中的实践 …… 147
参考文献 …… 157

# 第一章　心理健康教育概述

## 第一节　健康与心理健康

### 一、健康

健康是人类生存和发展的基本要素，也是人类永恒的话题。人们对健康的认识也随着社会的不断进步而发生着改变，越来越趋于全面。早期的健康被定义为：人体各器官系统发育良好、功能正常、体质强壮、精力充沛，并具有良好劳动效能的状态。通常可以用人体测量、体格检验和各种生理指标来衡量。但是随着科学文化的发展，人们在满足物质生活的同时，开始对精神生活提出了越来越高的要求。人们开始意识到很多生理疾病的产生都离不开心理因素，心理健康问题成为社会的一种普遍现象，“亚健康”“灰色状态”等健康问题开始出现。

健康是多方面的综合，包含生理、心理，此外，还涉及社会适应能力等方面的内容。心理和生理健康密切相关，二者相辅相成促进健康的发展，其中任何一方出现问题都会对另一方产生干扰，从而影响整体的健康状况。心理上如果感受到压抑和焦虑，就容易影响生理健康；生理上如果出现问题则会对心理有负面影响，因而二者是不可分割的统一整体。

### 二、心理健康

#### （一）心理健康标准

“身体健康”是最常见的祝福语，反映了健康是每个人的愿望。对于健康的定义，传统观念认为健康就是身体没有疾病。因此，人们重视身体的锻炼与保养，而往往忽略了心理的保健。然而，随着科学文化的进步和社会的不断发展，人们对健康的理解更加深入。心理健康是一种幸福状态，在这种状态中，每个人认识到自己的潜力，可以应付正常的生活压力，有效地从事工作，并能够对社会做出贡献。从广义上来讲，心理健康是指个体具有一种持续、高效而满意的心理状态，在这种状态下，生命具有活力，潜能得到开发，价值得以实现；从狭义上来讲，心理健康是个体具有稳定的情绪、适度的行为，具有协调关系和适应环境的能力。

关于心理健康的标准，不同国家有不同的标准，不同年龄有不同的要求。常见的标准如下。

1. 心理健康的判断依据

心理健康标准包括：身体、智力、情绪十分调和；能适应环境，人际关系和谐；有幸福感；在工作中能充分发挥自己的能力，过有效率的生活。

心理健康的判断依据包括：所具有的安全感能否满足自身所需；能否充分理解并客观地对自身评价；能否凡事从实际出发，制订计划向理想目标前进；能否保持良好的社交关系；能否在生活和外部影响下保持自身人格；能否从周遭环境和自身经历中不断学习；能否在不同情况下维持一定范围内的情绪稳定；能否在环境框架下合理展露自身个性；能否在所处环境规范个人行为的前提下满足自身需求。

2. 心理健康的判断指标

（1）关于自我，能够了解自我并满足自我需求。对自我价值有客观实际的评估，并有能力体现自身价值是心理健康的重要表现。心理健康的人能够对自身的性格、情绪有客观认识，并对自身能力有准确评价，从而对自身提出合理的期望值，设立能够达到的要求，在迈向理想的道路上制订合理的计划，而不是脱离实际；此外，要能够在自身基础条件下发掘潜力，完成更高的追求。不论前行道路上走得如何都能够坦然接受。

（2）人际交往方面，能够与周遭的人事物有良好的互动。在接受自我的基础上，能否接受他人是心理健康与否的重要衡量标准，完成自我肯定的同时也要能够完成对他人价值的肯定，能理解和接受他人，在与他人交往时能够保持和谐的关系，能融入集体中享受群体的欢乐，也能够在独处时享受自己的时间。不论是与他人交往还是在集体中，多以正向的态度面对他人，较少出现负面情绪，就能够更好地融入集体，获取安全感和适应度。

（3）生活与工作。生活和工作是人们生命中的重要组成部分，在生活中保持积极向上的状态，享受生活中的美好与欢乐是热爱生活的表现；在工作中以达到目标作为准则，并从中获取满足感是热爱工作的表现。对工作和生活的热爱能使人从中获取智慧和能力，并在今后的生活和工作中更好地解决问题，提高生活幸福感，提升工作有效性。

（4）对现实发生问题的看待。现实并不总是顺利，因此遇到与预期不符的现实状况时要正确看待。首先面对现实；其次接受现实，适应后采取有效的措施对其进行改造，以使其能够合理存在。心理健康使人在面对现实时能保持客观的态度；接触现实时，能在客观实际的基础上设置理想，并妥善地处理在追逐理想过程中遇到的挑战。

（5）对情绪的控制和心态的保持。控制情绪并非指没有负面情绪，而是在负面情绪出现时能够尽快地走出阴霾，重新拾回快乐和满足。保持心态体现在面对喜乐哀伤时能让自身的心态在一定范围内进行情绪表达，喜乐时不忘乎所以，哀伤时不沉溺其中。社交时能够保持平和的心态面对他人，尊重每位与之交往的人，并在一定的社交框架和规则中寻求自身利益的满足。

（6）完整和谐的人格。人格结构由性格、气质、兴趣、信念等多个方面组成，这些人格结构的协调一致性是心理健康的表现。心理健康的人在各方面和谐共生。此外，思考问题也会考虑多方面因素，不偏激，灵活应对人际关系，既不固化交往方式，也不偏激应对，能与他人产生较为适中、合理的交往，也能顺利地融入集体。

（7）拥有正常的智力水平。智力水平决定了工作生活以及学习能否顺利进行，也是衡量心理健康的要素之一。

（8）年龄与心理成熟度是否相符。根据不同年龄，人在不同阶段会出现不同的心理行为，绝大部分人在同一个年龄阶段都有相似的表现，如果心理行为特征与实际年龄大致相符，则无须担心心理健康程度。

以上列举了不同的心理健康的评判标准和尺度，个体可以此来大致衡量自己的心理健康水平。

### （二）心理健康意义

心理健康有着重大的意义，主要表现在以下方面。

第一，心理健康是健康的动力和保证。人体的健康是生理健康和心理健康的统一。生理健康是健康的基础，心理健康则是健康的动力和保证。

第二，心理健康才能更好地适应社会。社会的环境是复杂多变的，心理不健康的人在面对纷繁复杂的社会环境时会表现得不够冷静。而心理健康的人则能对现实保持清醒的认识，高于现实的理想，但又不沉浸在幻想当中，对生活中的各种问题、困难都能够积极面对，并努力处理而不是回避困难，从而更适应整个社会的变化。

第三，心理健康才能更好地学习和工作。心理健康的人能在学习和工作中获得满足感，并且能在学习和工作中将自己的聪明才智发挥出来，对于他们来说，学习和工作不再是负担，而是一种乐趣。

### （三）心理健康教育

人的心理是非常复杂和奇妙的。很多大学生对人的心理现象充满了好奇，因而对心理学也充满了好奇。实质上，心理学是一门研究人的心理现象和行为规律的科学，心理学与人们的生活密切相关。积极心理学是心理学新的生长点，又被誉为研究快乐和幸福的科学。积极心理学倡导用积极的心态对人的许多心理现象，包括对心理问题作出新的解读，用欣赏性的眼光去看待人类的潜能、动机和能力，从而激发个体自身所固有的某些实际的或潜在的积极品质和积极力量，并利用这些积极力量和优秀品质来帮助有问题的人、普通人或者具有一定天赋的人，最大限度地挖掘自己的潜力，并获得良好生活。

随着经济快速发展，人们的生活节奏日益加快，竞争越来越激烈，人际关系越来越复杂，工业化、现代化、社会化、一体化的程度在不断提高，科学技术的飞速进步迫使人们不断地进行知识更新。作为社会人口的重要组成部分，生活和学习在大学院校里的学生们需要面对许多易引发心理问题的情况，例如，对新生活、新环境的适应，对专业的选择和学习的适应，理想与现实的差异，宿舍、同学、师生等人际关系的处理，恋爱、就业等问题。

如何使人们以积极的、正常的心理状态去适应环境，增进身心健康，预防心理和精神疾病的发生，使学生能更好地挖掘自身的潜力，发挥自身的实力，开创美好的人生是目前需要解决的重要课题。因此，心理健康教育就成为时代发展迫切需要和学生成长的重要保障。

在心理健康教育中，教师应该多与学生探讨诸如幸福的奥秘的内容、怎样保持生命的最佳状态、怎样拥有一个洋溢积极的精神、充满乐观的希望和散发着春天般活力的阳光心态等这类促进学生思考和培养积极生活态度的问题。积极心理健康的核心理念是，不仅要关注人的各种心理问题或心理疾病，还要更多地关注人的积极品质或积极力量。

心理健康教育的目的在于将积极心理学与传统的大学生心理健康教育进行有机结合，让学生们懂得利用积极心理学原理来反省、思考、实践，从而对其心理的健康发展有更大的帮助，能更好地挖掘潜能，发展技巧，以更好地工作、学习和生活。

总之，心理健康在人们的生活、学习和工作中都有重要的作用，它可以让人们全面、健康地发展，使人与人之间的关系更为和谐。随着社会的发展和进步，心理健康的重要性也越来越凸显，健康的心理也是一个人快乐和成功的保障，是社会稳定的条件。

# 第二节 心理健康教育及其发展趋势

## 一、心理健康教育的基本理论

“心理健康教育是素质教育的重要组成部分。”[①] 心理健康教育是促进个体全面发展的重要途径，是为个体迎接挑战、认识自我、超越自我的一种活动。如何全面认识心理健康教育，对于从事心理健康教育和接受心理健康教育至关重要。

心理健康教育是一种教育，一种人的活动。它是教育的一种类型。正确认识心理健康教育是开展心理健康教育的前提和基础。

### （一）心理健康教育的定义

心理健康教育作为教育的一种类型，其本身蕴含了教育的特性。认识心理健康教育就必然要从认识教育开始。

心理健康教育是德育中不可或缺的基本素质教育，是以往德育工作的薄弱环节。类似的诠释有其本身的局限性，这无可厚非。正如教育，我们今天的教育已经冲破了学校围墙，形成了将学校教育包含其中的大教育观念。因此，从承接教育的含义的基础上给心理健康教育下定义，自然而然可以将心理健康的定义分为广义和狭义两类。

广义的心理健康教育，是指有意识的、以影响人的心理健康为首要和直接目的的社会活动，是根据心理活动的规律，采用各种方法与措施来维护个体的心理健康，这其中不仅包括学校心理健康教育，还包括范围上的社区、医院、家庭、企事业单位的心理服务项目，层次上的心理诊断、心理干预、心理咨询、心理治疗、心理矫正等。

狭义的心理健康教育，指学校心理健康教育，即由专门的心理健康教育机构所承担的，由专门的教职人员所实施的有目的、有计划、有组织的，以影响学生心理健康为首要和直接目的的教育活动。

由此，可以确定心理健康教育是一种教育，拥有教育的基本属性而又区别于其他教育类型。

---

① 蔡勇强. 素质教育中的心理健康教育［J］. 教育探索，2002（5）：73.

### （二）心理健康教育的实质

心理健康教育作为教育的一项内容和整个教育体系的一个组成部分，是建立在心理学基础上的一门全新学科，是心理学理论的技术体现，属于应用心理学范畴，是直接服务于人的心理健康的一门独特的理论与技术。心理健康教育模式并不等同于单项的心理治疗和心理咨询，但它包含了心理治疗、心理咨询的某些理论与手段，更多的是心理教育与训练。

心理健康教育也不等同于思想品德教育，但体现、开拓了情感教育、思想转变、行为训练的新方法、新思路。学校的心理健康教育通过动态的心理教育活动的影响、启发、引导，提高学生对自身探索的自知力，对自身调节的自控力，从而帮助他们健康地成长、发展。心理健康教育作为一种新的教育类型，它本身有着极其鲜明的特征。

#### 1. 素质教育

把心理健康教育界定为素质教育，这在国内已被大多数人达成共识。但是，心理素质与现实生活紧密相连，抽象地谈论素质教育是毫无意义的。心理素质应该被置于一定的历史条件下、个体所处的具体历史空间中，才能有明确的规定；也只有通过个体在其生活空间中的具体活动才能获得发展。心理素质作为心理活动的功能品质在活动中形成、在活动中发展这一事实，要求面向学生的心理健康教育必须从学生的现实生活出发，使学生在其现有心理功能的充分发挥中实现其心理功能的健康发展，从而形成新的心理品质，发展新的心理素质。

因此，从心理素质形成的过程来看，心理健康教育必须与一定历史发展阶段的人类的具体实践活动相联系，必须由现实中的个人的具体活动在适应其存在的生活空间中完成。心理健康教育应该以辩证的、发展的观点，依据活动的具体要求不断地调整教育策略。同时，心理健康教育具有鲜明的时代性、文化性，心理健康教育应根据时代、地域、民族和性别等的差异而有区别地进行。

心理健康教育作为素质教育的有机组成部分，它不只是一种专门的教育活动，更是一种教育理念。心理健康教育的实施必须贯彻到教育的各个方面、各个环节、各种活动中。

#### 2. 开启智慧的教育

心理是个体活动的反馈调节机能，心理健康所反映的是这种机能的功能品质。智力三元结构理论指出：智力活动是心理上的自我管理，智力包括三个层次，即元成分、操作成分和知识习得成分。其中，元成分对智力执行过程进行计划和监控，并对结果进行评价；

操作成分接受元成分指令，进行各种认知加工操作，并提供信息反馈；知识习得成分是学习选择所解决问题的策略，学会如何解决新问题。从这里可以看出，心理是一个逐层进行的反馈调节过程：知识习得成分是个体在活动中对外界现实活动的调节机制，操作成分是个体在对外界现实活动进行调节中的内部活动机制，而元成分则是对内部活动进行再调节的机制。心理正是通过这种陈陈相因的调节机制实现着对活动的控制。从传统意义上讲，这个控制过程就是个体在现实活动中运用智慧的过程。因此，心理健康教育的实质就是智慧教育，一种开启智慧之门的教育。

心理健康教育作为一种开启智慧的教育思想的提出，也是在对心理治疗、辅导和教育的历史进行深入研究后得出的基本结论。精神分析中的认识领悟疗法强调患者认识到病态感情和行为的幼稚性，使其领悟到这些感情和行为原来是幼年儿童的心理行为模式，与他的实际年龄和身份不相符合，从而主动放弃这些想法和行为；人本主义心理学派强调存在认知，认为不健康的人格在于以自己的认知认识世界，迫使世界适应自己的恐惧、需要和价值的模式。

心理健康教育必须把培养人对现实的客观认知作为基础，要求人在现实活动中锻炼自己的心理调节机能，克服心理机制与现实生活的脱节，培育健康的心理，获得智慧的人生。从这个意义上说，心理健康教育作为一种开启智慧的教育，其核心是实事求是的教育。

3. 体验式的感悟教育

研究心理应该从活动开始，研究心理健康教育同样应该从活动开始，应该从整个活动的完整性，从它的最重要的依从关系和决定作用，即从它的结构方面和它的特殊动态，它的不同种类和形式开始。活动分析构成了心理健康教育的基础。从个人参与的程度来看，活动可以由低到高划分为四个层次：经历活动、经验活动、体验活动、感悟活动。只有体验及其以上的活动才能实现心理健康教育的目标，培养学生良好的心理素质。

体验是素质形成的核心环节，那么感悟就是素质的升华阶段。因为体验是一种注入了生命意识的经验，是以身体之，以身验之，是人对已有的心理结构的调整、改造和丰富的过程。而经验只是主体对客体的客观把握，这种客观把握是一种与己无关的东西。经历则更是一种主体的、外在的活动。心理健康教育必须通过对活动的科学的组织和设计，把学生的内在生活经历提升为一种生活经验，进而达到一种生活体验，从而形成对学生内在心理结构的改造，实现心理健康教育的目的。体验是一种现实地改变心理情境，积极地改造心理世界的特殊工作，是有结果的内部过程。从这个意义上讲，没有人的体验过程，就没有真正的心理健康教育。那种认为只要组织了活动，就自然实现了心理健康教育的观点是非常错误的。

在具体的心理健康教育中，为了使活动的组织和形式在体验的水平上进行，则应充分重视评价的作用。评价的过程就是心理的反馈调节机能发挥作用的过程——心理的发生和发展正是在这种机能充分发挥作用中实现的。而这种评价就是我们活动的最高发展阶段——感悟，如果说体验能够实现心理健康教育的目标，那么感悟就将这种目标进行了升华，进而在我们的潜意识中加以强化；反之，心理健康教育作为特殊的教育类型，它的本质是要所教者有所体验，有所感悟，这本身也是心理健康教育的核心目标之一。

## 二、心理健康教育的方法类型

### （一）精神分析疗法

精神分析理论，是现代心理咨询和治疗领域非常重要的理论，也是20世纪最重要的学术思潮之一。其影响力超越了心理治疗领域，对整个心理科学乃至西方人文学科的很多方面都产生了深远的影响。

精神分析疗法主要在于逐渐觉知、明晰、洞察人的行为以及了解精神症状所显示的意义。因为精神分析认为症状是神经症性冲突的结果，它是经过化装的，背后有无意识的症结。咨询中要帮助来访者寻找症状背后的无意识动机，使之与意识相见，即通过分析让来访者自己意识到其无意识中的症结所在，产生意识层次的领悟，使无意识的心理过程转变为意识的。如果来访者了解了症状的真实意义，便可使症状消除。精神分析疗法主要有以下五种方法。

#### 1. 自由联想

自由联想，是从催眠中演化出来的。在自由联想过程中，治疗者的任务是鉴别与解析潜意识中被压抑的、与来访者有关联的资料。来访者通常半躺半靠在长椅上，咨询人员则坐在其后，这样才不至于使来访者在自由联想的时候受到限制。自由联想方法不仅省力而且还能使来访者受到极少的压力，且永远不会与眼下的环境失去联系，它在很大程度上能够确保既不放过神经症产生的任何因素，也不会因为咨询人员事先有过估计而带进别的原因，甚至可以说，自由联想是让来访者自己决定分析的进程和材料的安排。

自由联想还有一个优点就是根本不需要打断它，假如不对联想的情形加以限制，从理论上说是完全可能进行联想的。自由联想是建立在弗洛伊德的心理决定论基础上的，但是自由联想对来访者的要求比较高，不仅需要一定的财力，更需要一定的知识文化背景，同时它耗费的时间较长，经济成本昂贵。

2. 梦的分析

在睡眠中个体的防卫能力是比较低的，一些被压抑的情感会表面化。梦的显示是以不同的机制制作出来的，它们并不遵循逻辑的原则，主要包括：压缩、替换、转换和反向等。对梦的分析实际上就是要揭示梦的制作的反过程，即将显梦翻译为梦的隐意或做梦者的无意识愿望和观念。

3. 处理抗拒

抗拒是来访者有意识或无意识地回避某些敏感话题，有意无意地使咨询重心偏移。来访者抗拒的原因是一种潜意识的防御作用，以逃避来面对自己所无法忍受的焦虑。抗拒会使治疗者进一步治疗的工作更加困难，甚至有使工作完全停顿下来的危险。抗拒主要有两种：①引起的抵抗；②持续于整个治疗过程并随工作进展而更新的抵抗。

处理抗拒的方法是治疗者指出来访者的抗拒心理，帮助来访者了解抗拒的原因：①“罪恶感”；②来访者的自我保护本能是“反向的”，即似乎是在追求自我伤害和自我破坏，让来访者正视抗拒的行为，并借此探讨潜意识的作用。

4. 移情分析

移情是指来访者在咨询过程中，把治疗者当成他过去生命中的一个重要人物（如父母或其他重要人物），并以对待此重要人物的情感来对待治疗者。移情是两极化的，它既包含了对分析者积极的、温情的态度——正移情，又包含了对分析者消极的、敌对的态度——负移情。在咨询过程中，移情是一个关键，因为透过移情作用，治疗者可以具体地观察了解来访者的人际关系，掌握更多的真实资料并解析来访者问题行为的冲突所在。

5. 解释

解释的目的是让来访者正视他所回避的东西或尚未意识到的东西，使无意识之中的内容变成意识，从而消除神经症症状。解释是分析者利用自己的手段建立在对来访者冷静的倾听和敏锐的观察基础上，在来访者接受思想转变时进行的。此外，单个的解释往往不可能明显见效。较为有效的方法是在适当的时机，分析者把解释告诉来访者，那么在那一段时间内来访者常常会进一步确证分析者的解释，并主动积极地回忆他所遗忘的内部或外部事件，然后慢慢地接近问题，从对问题的澄清逐步过渡到解释。

因此，解释是一个缓慢而又复杂的过程。通过解释，治疗者可以在一段时间内不断地向来访者指出其行为、思想或感情背后潜藏着的本质意义。解释是精神分析中最常用的方法，也是精神分析治疗的实质。

## （二）行为疗法

行为主义理论是对学校心理辅导具有重要影响的心理治疗理论之一。该学派的基本理论主要有：经典条件作用理论、操作性条件作用理论和社会认知理论。虽然其心理学内容不完全一致，但这三种理论都是关于个体学习的发生机制和产生条件的理论，都是以“刺激—反应”的学习过程来解释行为的。行为疗法基本假定为：异常行为习惯与正常行为习惯一样，都是学习的结果，既然人的行为习惯可以通过学习获得，同样也可以通过学习而改变或消除。因此，行为主义把心理辅导的着重点放在直接消除或纠正适应不良或异常行为上，不去研究、分析行为的内在动机，只以特殊的行为为目标，并通过经典条件作用、操作性条件作用、观察学习等行为治疗技术予以改变。以下介绍几种常用的行为治疗技术。

### 1. 松弛训练法

松弛训练法，也称放松训练法，它是一种通过训练有意识地控制自身的心理生理活动、降低激活水平、改善机体紊乱功能的心理辅导方法。其目的在于减轻由情绪上的紧张、不安、焦虑和愤怒而引起的肌肉紧张，以达到精神的放松。一般来说，其方法是紧缩肌肉、深呼吸、释放现在的思想、注意自己的心跳次数等，帮助来访者经历和感受紧张和松弛状态，并比较两者的差异。如渐进性放松法，就是在安静的环境中采取舒适放松的座位或卧位，按指导语或规定的程序，对全身肌肉进行“收缩—放松”的交替练习，每次肌肉收缩 5~10 秒，放松 30~40 秒，经过反复训练，使来访者感觉到什么是紧张和松弛，从而提高消除紧张达到松弛的能力。放松训练在学生平时紧张和焦虑时可以使用，特别适宜于考前紧张者。

### 2. 系统脱敏法

脱敏就是脱离、消除过敏之义。系统脱敏法又称交互抑制疗法。这种方法主要是诱导来访者缓慢地暴露于导致神经症焦虑的情境，并通过心理放松的状态来对抗这种焦虑情绪，从而达到消除神经症焦虑或恐惧状态习惯的目的。系统脱敏法由三个部分组成：放松训练；建立恐惧或焦虑的等级层次；让来访者在肌肉放松的情况下按焦虑的等级层次进行想象或实地脱敏。

当学生对某对象（包括物、人或环境）产生过分敏感的反应时，咨询师可以在来访者身上引起一种不相容的反应。例如有的人害怕老鼠，看见老鼠就出现惊叫、心跳加快、面色苍白等不良生理反应。对这种过敏反应，可在信赖的人（如父母）陪同下，在从事愉快的事情的同时，从无关的话题切入关于老鼠的话题，从图片到玩具宠物，从电视、录音机的形、声到真实的老鼠，从远到近，逐渐接近放有老鼠的笼子，鼓励人们去看、去接触，多次反复，直至不再过度恐惧老鼠。

脱敏法与松弛训练法结合一起使用的程序包括：进行全身松弛训练，放松身体各部位；建立焦虑刺激强度等级层次，由来访者想象从最轻微的情境到最恶劣的情境；焦虑刺激想象与松弛训练活动相配合，让学生做肌肉放松，然后想象从焦虑刺激的最轻微等级开始逐步提高，直到最高也不出现焦虑反应为止。若在某一级出现了焦虑紧张，就应退回到较轻的一级，重新进行或暂停。

3. 满灌疗法

满灌疗法，也叫暴露法、冲击法，就是给予来访者能引起其强烈焦虑或恐惧的刺激，从而使紧张焦虑或恐惧消失。满灌疗法一开始时就让来访者进入最使他感到焦虑或恐惧的情境中，或采用想象，或观看电影、录像，或直接进入真实的情境，使来访者接受各种不同形式的焦虑恐惧刺激，同时不允许来访者采取闭眼睛、哭喊、堵耳朵等逃避行为。在反复的刺激下，来访者因焦虑恐惧而出现心跳加快、呼吸困难、面色苍白等反应，但其最担心的可怕灾难却始终没有发生，这样最后焦虑和恐惧的反应也就相应减轻直至消退。满灌疗法使用时应注意：确立主要辅导目标，要求来访者高度配合。另外，要充分了解来访者的身心状况，以免发生意外。

4. 代币疗法

代币疗法又称奖励强化法、代币管制法。它通过某种奖励系统，在来访者出现某种预期的良好行为表现时，立刻给予奖励来强化该种行为，从而使来访者所表现的良好行为得以形成和巩固，同时使其不良行为得以消退。代币可以用不同的形式表示，可以是小红旗、带有分值的小卡片、筹码和证券等多种形式。咨询师用代币作为奖励，强化来访者的期望行为，然后来访者可以用获得的代币换取自己喜欢的东西。使用代币法时，需要注意以下方面。

（1）确定所要改变的目标行为。咨询师与来访者都要知道所要改变的行为是什么，并对此达成共识。

（2）确定代币的类型。代金券、小红花、小红旗或是记录分数等。

（3）选择支持代币的强化物。如用代币可以换得食物、水果或参加某种有趣的活动等。与来访者商定奖励的内容，这一内容应当是来访者感兴趣并想获得的。

（4）建立代币兑换规则，即规定完成哪些行为可以得到代币。

5. 宣泄疗法

宣泄疗法，也叫发泄疗法，是指让来访者把经受过的心理创伤、不幸遭遇和所感受到的情绪发泄出来的一种治疗方法。宣泄的方式有多种，例如倾诉、运动和哭泣，还有其他的一些方法，如厌恶疗法、生物反馈疗法等，都能在使用中取得较好的治疗效果。

### （三）以人为中心疗法

在人本主义心理学出现之前，心理学中影响最为广泛的是精神分析学派和行为主义学派，而人本主义对这两大学派都进行了批判。其批判精神分析学派太过强调人的病态心理，也批判行为主义学派太过强调人的生物性。人本主义学派认为人是健全发展的人，是积极向上的人。以人为中心疗法正是基于这样的一种思想，在心理咨询和治疗领域享誉盛名。

1. 实施步骤

（1）来访者主动求助。来访者如没有改变自我的需要，治疗很难成功。

（2）咨询员说明情况。咨询员向来访者介绍治疗过程，强调来访者的作用，咨询员的作用只在于创造有利于来访者成长的气氛。

（3）鼓励来访者自由表达情感。咨询员不管来访者表达什么样的情感，含混的或敌意的，均应以诚恳、友好的态度相待。

（4）咨询员要能够接受、认识、澄清对方的消极情感。咨询员不只是被动接受对方提供的信息，仅对表面的内容做出反应，而应深入对方的内心深处，注意发现对方影射或暗含的情感。这是很困难且很微妙的一步。

（5）促进来访者的成长。一旦对方将消极情感表达、暴露出来，模糊的、试探性的、积极的情感便不断萌生出来。

（6）接受来访者的积极情感。咨询员只需不加评价地接受对方的积极情感，促使对方自然达到领悟与自我了解的境地。

（7）来访者开始接受真实自我。由于咨询员对来访者采取了理解与接受的态度，来访者便有机会重新认识自我，并接受真实自我。这为对方在新的水平上达到自我整合奠定了基础。

（8）帮助来访者采取决定。新的整合意味着新决定与新行为的产生，咨询员应协助对方澄清可能做出的选择。

（9）疗效的产生。来访者通过自我领悟，达到了对问题新的认识，某种积极、尝试性的行动便应运而生。

（10）扩大疗效。在已有尝试的基础上，咨询员应帮助对方发展更深层的领悟，并扩大领悟范围。

（11）来访者全面成长。来访者克服了对选择的恐惧，勇于探索自我发展的新行动。此时，双方的关系达到顶点，来访者会主动提出问题与咨询员讨论。

（12）治疗结束。来访者感到无须再寻求帮助时，治疗即告结束。

2. 技术策略

以人为中心疗法，主要强调咨询师和来访者之间的关系的重要性，强调要把指导、分析、质问、探究、诊断、收集个案史等降到最低程度。反之，咨询师要尽可能地积极倾听，做出情感反应和澄清。以人为中心疗法提供更多的是一种咨询的理念而非方法，因此没有如精神分析疗法、行为疗法中那些具体明确的咨询方法和技术。它强调的是如何调动来访者自身的潜力，如何提供一种适宜的气氛，以引导来访者做自我探索，认识成长中的障碍，体验从前被否定与扭曲的自我，从而能开放自我，相信自我，增加自发性与活力。

以人为中心疗法更强调咨询态度的重要性，认为融洽的咨询关系是咨询获得进展的决定性因素，同时也提出了建立适宜的心理辅导气氛的三种最重要的态度及相应的形成技术，这三种态度为真诚、无条件积极尊重和共情。

（1）真诚。咨询师在心理辅导的整个过程中要言行一致，要真诚、坦白、开放地对待来访者，表现出真实的自己。

真诚有不同的层次，一般包括由浅入深的四个层次：①咨询师隐藏自己的感觉，或者以沉默来惩罚来访者；②咨询师以自己的感觉来反应，其反应符合自己所扮演的角色，但不是他们自己真正的感觉；③为了增进两人之间的关系，咨询师有限度地表达自己的感情，而不表达否定、消极的情感；④无论是好的或是不好的感觉，咨询师都以言语或非言语方式表达出来，经由这些情感表达，双方的关系变得更好。真诚是咨询师内心的自然流露，咨询师应通过自身的潜心修养和不断实践，进一步表现出高层次的真诚，促进来访者更了解自己。

（2）无条件积极尊重。无条件积极尊重，就是指咨询师以平等的身份真正、深切地关心来访者，无条件地尊重和认可来访者。无论来访者是何种身份的人都要给予尊重，没有歧视性，一视同仁。无条件积极尊重能够创造一种没有威胁的情境，在此情境中，来访者能够自由地表达并且接受自己的感受，不担心会被拒绝。

（3）共情。共情是指咨询师要放下个人的参照标准，站在来访者的立场上，试着将自己融入来访者的感觉世界，从来访者的立场设身处地地看待问题。咨询师所表达出来想要了解对方的态度，使来访者体会到自己是一个值得被了解与倾听的人。

## （四）理性情绪行为疗法

理性情绪行为疗法是认知心理治疗中的一种疗法，因它也采用了行为治疗的一些方法，故被称为一种“认知—行为”疗法。理情行为疗法强调认知、情绪、行为三者有明显交互作用及因果关系，因此也常常被视为多模式和折中取向的学派。

理性情绪行为疗法理论认为，人们的情绪障碍是由人们不合理的信念造成的，因此，治疗的重点就是要改变来访者不合理的信念，建立起合理的信念，以合理化的思维方式取代不合理的思维方式。一般认为，理性情绪疗法的治疗过程分为四个阶段：心理诊断阶段、领悟阶段、修通阶段和再教育阶段。

第一，心理诊断阶段。这是理性情绪疗法治疗的起始阶段，通常在来访者来访的第一次会谈中进行。在这一过程中，要探讨和寻找来访者的问题，要集中注意力于来访者的情绪、行为问题上，探查出这些问题的 ABC，收集与其 ABC 系列有关的信息；当咨询员确信找到了来访者核心的 ABC 之后，就可以对这一阶段做总结，对来访者做出诊断。

第二，领悟阶段。这一阶段要引导来访者学习理性情绪疗法的理论，强化他们对进行理性情绪疗法工作的动机。要向来访者指出，他们的情绪困扰之所以延续至今，不是由于早年生活的影响，而是由于他们现在不合理的信念。

第三，修通阶段。这是帮助来访者改变信念的阶段，因而也是治疗的最重要阶段。在这一阶段，咨询员要帮助来访者向其不合理的信念提出质疑，进行辩论，并用情绪和行为的方法加以验证；要帮助来访者对合理信念与不合理信念进行区别，帮助来访者放弃不合理信念。

第四，再教育阶段。这是巩固治疗成果并结束治疗的阶段。此时，咨询员要帮助来访者巩固在治疗中所学到的东西，以便其能更为习惯地采用合理化方式去思考问题。

理性情绪疗法的四个阶段，是相互重叠和交叉的。这四个阶段一旦完成，不合理信念及由此引起的情绪困扰或障碍就会消除。

## （五）后现代疗法

后现代疗法涉及的方法和策略很多，如叙事疗法、焦点解决短期疗法等。

1. 叙事疗法

（1）述说故事：重新诠释故事。后现代疗法主要是让当事人先讲出自己的生命故事，以此为主轴，再通过治疗师的重写，丰富故事内容。对一般人来说，说故事是为了向别人传达一件自身经历的或听来的、阅读来的事情。不过，心理学家认为，说故事可以改变自己。因为，我们可以在重新叙述自己的故事甚至只是重新叙述一个不是自己的故事中，发现新的角度，产生新的态度，从而产生新的重新建构的力量。

（2）问题外化：将问题与人分开。后现代疗法的另一个特点是使问题外化，也就是将问题与人分开，把贴上标签的人还原，让问题是问题，人是人。如果问题被看成是和人一体的，要想改变相当困难，改变者与被改变者都会感到相当棘手。问题外化之后，问题和人分家，人的内在本质会被重新发现与认可，进而人有能力与能量反身去解决自己的问题。

（3）由薄到厚：形成积极有力的自我概念。一般来说，人的经验有上层经验和下层经验。上层经验大多是成功的经验，形成正向积极的自我认同；下层经验大多是挫折的经验，形成负面消极的自我认同。后现代疗法的辅导方法，是在消极的自我认同中，寻找隐藏在其中的积极的自我认同。后现代疗法认为，当事人积极的心理有时会被自己压缩成薄片，甚至视而不见。如果将薄片还原，在意识层面加深自己的觉察，这样由薄而厚，就能形成积极有力的自我观念。

2. 焦点解决短期疗法

作为一种专业的介入，焦点解决的治疗流程与步骤清晰明了，且具有单次咨询的精神。即把每一次的咨询与治疗视为是第一次也是最后一次，因此每一次的咨询构架都是一样的。整个焦点解决短期治疗的咨询次数可为一次或连续多次（平均为五次）。每次咨询的时间约为 60 分钟。每次咨询的整个过程大致可以分为三个阶段：建构解决的对话阶段；休息阶段；正向回馈阶段。第一阶段约为 40 分钟，其余两个阶段皆为 10 分钟。

## 三、心理健康教育的发展趋势

随着时代的进步，心理健康教育早已走出校门，走向社会，被人们所重视。心理健康教育的发展也呈现出新的趋势。

第一，心理健康教育将成为现代大教育不可或缺的内容。21 世纪的教育已经走出校门，走进社区、走进家庭、走进企事业单位，继续教育、终身教育已经成为 21 世纪“教育”的新内涵。心理健康教育作为教育的重要组成部分已经不可或缺。以学校教育为例，学校教育培养的人才应该在德、智、体、美诸方面得到全面发展，而且要具备健全的人格和良好的社会适应能力。随着社会的进步，心理健康对人的发展的作用和对人类社会进步的意义已逐渐被越来越多的人认识。健康的心理是全面发展的基础，教育要为社会的发展培养优秀人才，就应重视心理健康教育。

第二，心理健康与身体健康同样重要的观念深入人心。社会的不断进步与发展，极大地丰富了人们的物质生活，同时也使人们的精神需求不断提高，人们不仅需要高质量的生活，还需要愉快的心态。而在人们的生存环境、经济状况改变的同时，必然导致价值观念、生活方式、民族文化乃至国民性格的变化。因此，人们必须注意维护心理健康，保持心理平衡。特别是年青一代的心理素质、心理健康，对未来社会以及个人的发展有至关重要的作用。加强公民心理健康教育是今后全民教育中的一项长期的工作。

第三，交叉学科的兴起、多学科的结合揭示心理健康教育规律。多角度、多学科共同揭示心理健康教育的规律是心理健康教育的一项重要任务。我们可以把心理咨询、心理健康教育视为心理学的分支学科。但是它的研究不应该局限于心理卫生学的范畴，培养人的健康心理涉及许多心理学的问题。如研究心理素质的发展问题，必须要建立在了解人心理发展特点的基础上。这就要求心理健康教育要和发展心理学的研究有机地结合起来，从而揭示出心理健康发展的一般规律。人的心理健康发展又离不开教育，因此，教育心理学所研究的教育规律为心理健康教育提供了理论依据。一个人心理的健康发展离不开他所生活的家庭环境、学校（工作）环境和社会环境，所以，在心理健康教育中必须将三种环境有机地结合起来，形成一股合力。在心理健康教育中还应体现“三种教育”的有机结合，即心理教育与素质教育、思想政治教育的有机结合。

第四，心理治疗技术不断进步促进了心理健康教育形式的多元化。随着心理保健机构的普遍建立，心理咨询、心理治疗的科学技术不断取得新成就。21 世纪是科学技术迅猛发展的时代，以计算机网络技术发展为核心的信息技术、通信技术的发展和进步为心理健康教育提供了现代化的手段。

第五，心理健康教育的重心已经由“问题学生”转向普通人。心理健康教育的重点从维护心理健康逐步转向积极促进人的全面发展和自我实现意识的培养。未来社会心理健康教育研究的重点将是心理健康教育的高级功能的研究和应用。人们对心理健康概念将会有新的发展，独立的个性、重视个人的价值、人与自然和社会的和谐发展将成为心理健康的重要内容。另外，心理健康教育已经走出学校，走向社会，并取得良好效果。

第六，心理健康教育普遍性与特殊性的有机结合。心理健康教育既要遵从一般的教育规律，又要考虑到受教育者的年龄特点和个别差异问题。在成长过程中，个体一生都会面临不同的心理问题，这就要求心理咨询和心理健康教育研究工作者在探讨特殊年龄阶段的心理健康教育问题时要与终身心理保健和个性化的心理教育有机结合。

心理健康教育已经逐步成为社会化的、大众化的一种活动，影响着人们的生活。

## 第三节　心理健康教育体系的革新

“心理健康教育体系化既是个体心理健康发展的需要，也是我国德育体系化建设的产物。”① 寻求多种途径开展心理健康教育，增强心理健康教育的效果，改善受教育者的心理状况，十分必要也刻不容缓。以“互联网+”为标志的未来时代已然到来，在教育领域，这种新的形态为未来学校教育提供了新的发展思路，其互动性、开放性、共享性、吸纳性的特点，也为我们开展心理健康教育提供了新的方向。

### 一、“互联网+”背景下心理健康教育的意义

“互联网+”心理健康教育以网络信息技术为依托，通过打造网络课堂、网上交流学习、微课、慕课、翻转课堂等多种教学形式，以丰富的教学内容、先进的网络教学技术以及数字化的教学方式，对推动传统教育模式的变革、贯彻终身学习的理念、构建学习型社会等多个方面具有十分重要的作用。

首先，“互联网+”心理健康教育能够培养学生学习的自主性。由于互联网自身有着巨大的教育教学资源，学生能够在互联网上自由地选择学习内容、收集资料等，可以根据自己的实际情况有针对性地学习，使得解决问题的方式能够满足学生的个性需求。学习者也可以根据自己的学习进度、思维特点、接受水平，并通过各种网络媒介途径表达自己的观点。除此之外，在网络学习环境中，学生可以自觉进入自主学习和探究学习的状态，为学习者提供充足的反思和批评的空间，真正实现培养学生的主体思想、激发学生学习的主体性之目的。

其次，网络学习能够培养学生的创造性思维。学生在网络上大量地接触文字、图片、声音、影像等，在丰富的感官刺激下，学生积极主动地参与到网上讨论、自我检测、模拟

① 边昊天. 对学校心理健康教育体系化建设的若干思考［J］. 中小学心理健康教育，2020（11）：34.

实践中去，在一系列的知识学习活动中，学习者不断建构自身的知识体系，创新思维的流畅性、灵活性、独特性得到提高。

最后，“互联网+”心理健康教育能够培养学生学习的协作性。传统教育教学中，教师作为“平等中的首席”，并未实现师生之间真正的平等。而“互联网+”心理健康教育的开放性、共享性、全民性、普及性使得师生角色发生转变，在无穷无尽的知识面前，教育的各个主体都作为学习的主体，他们不再是单纯的被动关系，而是民主合作的共同体关系。

总之，网络教学是一种以互联网、大数据为基础的新型教学模式，教学空间无限性、学习主体的差异化、教育教学资源的共享性以及课程评价标准的多元化等特征，标志着信息开放共享时代的真正到来。

## 二、“互联网+”理念下心理健康教育的新契机

“互联网+”主题的提出，是我国教育理念发展的新阶段，在互联网技术的影响下，网络与教育之间的交互趋向频繁，对学生的心理健康产生了深远的作用，迎来了新的发展契机。

### （一）为网络心理健康教育提供新思路

在教育行动中，如何处理好师生、生生之间的关系是教育的重中之重，其基本准则就是对平等与自由的要求。“互联网+”时代的到来，有利于这一要求的实现，从而为学习主体双方可以更加便利地交流提供了平等的环境。这种教育模式有效地激发了学生网络学习的积极主动性，教师也可以在与学生日常的交流活动中了解学生的学习情况、个性特点、情绪与动机等心理问题，并且能够给予及时有效的心理辅导，这样也增加了教育的实效性。“互联网+”的教育理念和模式使得心理健康教育资源与实际资源相结合，为学校教育的发展提供了新的载体与动力。“互联网+”模式下的心理健康教育跨越了时间与空间的局限性，有效地拓宽了教师与学生心理健康教育的学习与对话空间。

### （二）为心理健康教育注入新血液

互联网作为全球最大的信息资源库，承载着大量的信息资源，包括政治、文化、经济、教育等各个方面。如今，“互联网+教育”的理念和模式已经步入常态化。它将网络上的各种教学资源进行整合处理，从而使得这些资源可以以系统化、复杂化的方式进入学

校教育资源宝库，为教师和学生更加便利快捷地提高学习资源。网络打破了时间与空间的界限，使不同国家、不同地域之间的学习者能够进行思想上的对话与交流。

在心理健康教育领域，可以将国外一些先进的心理健康教育理念、教学方式以及教育模式通过互联网整合在一起，进行本土化处理之后，融合为适应本民族、本地区学生心理健康发展的教育理念与模式，因此，通过互联网，我们可以进一步地丰富我国学生心理健康教育体系。教师与学生都可以通过开放的网络环境，如 TED 等网络公开课，及时学习世界优秀的心理教育成果，并且可以根据自身的多种需求进行自我教育。

### （三）为心理健康教育增强新效果

“时效性”作为互联网信息的主要特征，因此，它为教育者与学习者提供了多种多样的时效性教育及其学习资源。作为教师，可以通过网络学习准确地把握学生的心理动向以及他们的心理问题，进而在实际教育行动中与学生一道进行有效的对话、交流、沟通。当前学生心理健康教育的重任在于提高学生心理健康教育的时效性，互联网不仅为他们提供了对话和交流的空间平台，从而增加了个体之间沟通的机会，并且在这个过程中，对话大多数是匿名的，这样就可以缩小对话双方之间的心理距离，无论是学习者还是教育者都可以通过网络来表达自己的心理需求或者诉说自己的现实困惑，听者亦能更加真切地感受叙述者的心理需求，从而进行有效的心理健康教育与辅导。

事实上，从研究的角度来看，叙述者通过网络表达自己意见的过程可以作为教育研究获取第一手资料的途径，这样既为学生心理健康教育提供了有效的数据支撑，而且也拓宽了教育研究者的视野与空间。

## 三、“互联网+”理念下心理健康教育体系的构建

### （一）心理健康教育体系的构建原则

#### 1. 实效性原则

目前我国大力倡导学生综合素质的全面提升，推崇“德智体美劳”全面发展的教育理念，但是在整体规划上素质教育还是举步维艰。学校的评价体系还是以文化课为主要指标。因此，在“互联网+”教育背景下我们的基础教育课程应在课程目的、课程体系、课程内容等多个方面进行改革，充分利用互联网这一媒介拓展学生的素质教育，以一种快捷、高效、便利的方式授予学生们基本的理论知识。同时，应该尽可能地发挥我们的主观

能动性，在国家教育政策的大背景下拓展自己的教育特色，在培养学生基本应试能力的基础上，发挥他们的兴趣特长，将学与乐统筹到一起，真正做到既别具特色又高效实用。

2. 整体性原则

整体性原则，指的是在心理健康教育的过程中从全局的角度来把握整个教育的环节，它来自一种格式塔心理学的启示，面对目前社会的发展模式和新时代学生特有的行为习性，在"互联网+"这一背景下发展心理健康教育网络模式，既要突出特色，也要均衡教育方式和内容各个方面。整体性原则从以下两个维度来把握。

（1）时间维度。心理健康教育应该注重根据学生终身发展的需要，有层次、有阶段地建立起心理健康教育体系模块，"互联网+"为这一体系的建立并实施提供了网络平台，将学生的人生观、价值观教育与他们的成长有机地联系在一起，为未来的发展做好心理准备，从而走向一条健康和谐的道路。

（2）空间维度。"互联网+"背景下的心理健康教育要落实网络教学、心理咨询等教育教学活动，而且要利用互联网注重全方位、多方位发展，通过与社区、家长等建立网络信息资源库，在网上跨时空开展心理健康教育，学校心理健康教育专业辅导人员运用网络引导家庭和社会培养学生的健康生活习惯和积极的学习态度，从而形成心理健康教育网络合力，让其在时间与空间两个维度中实现心理健康教育的多方位和全方位发展。

3. 发展性原则

人的发展是一个人修养无止境的完善和学习的过程，同时也是一个全面发展的过程。心理健康教育在于让每个个体生命能够和谐、健康地成长与发展，也就是说，个体生命不仅仅只是某一方面的发展，而应该是基于个体内在潜能的多方面的整合性发展，它体现的是个体生命特质的自觉性发展，而非在外力催化和牵制下的被动成长。

因此，"互联网+"背景下的心理健康教育发展性原则体现的是个体对生命价值的超越，心理健康教育网络模式的建立旨在帮助学生接受普适性的生存理论，在这基础上提高他们对于生命的认知程度和感悟深度，以此来培养学生学会关怀、尊重和欣赏他人。当然，心理健康教育的网络模式应该通过依靠网络技术的应用来实现对某些心理危害的预防和干预，从而真正达到个体走向全面发展的目标。

### （二）心理健康教育体系的构建路径

1. 开设心理健康教育网络课程

"互联网+"背景下的心理健康教育，必须考虑学生身心发展的规律和需要，根据学生的发展特点与个性化特征，发挥其快捷、便利的优势，通过远程网络建构学生心理健康教育知识体系，普及心理健康教育知识，以及通过互联网来开设有关心理健康知识的讲座等。同时将网络文明和网络规范纳入教学过程中，通过文本、图形、声音、动画、视频等多种媒体形式的有机结合，向学生介绍心理健康的基本知识，传授心理调适方法，让学生了解心理健康的重要性。

因此，在以“互联网+”为基础的网络信息系统共建过程当中，应该完善心理健康教育课程，对其知识点进行不断地解构与重构，从而使得课程教材得以不断地更新与发展，这也适应并切合学生成长与发展需要，从而为他们提供更加科学和专业的心理健康知识。此外，网络信息化心理健康教学活动应通过各种有力手段，借助各种网络路径，了解学习者的心理健康程度，从而实现心理健康教育的价值。

2. 开展心理健康教育网络咨询

一般情况下，心理咨询是通过与来访者进行倾听、交谈、协商等以帮助他们解除自己所面临的心理方面的困惑与疑问。依据咨询的途径，心理咨询可分为门诊咨询、电话咨询及书信咨询等形式。随着“互联网+”时代的到来以及计算机应用的普及，咨询者或者来访者更愿意通过网络与他人分享自己的困惑，以找寻心理咨询师帮助自己排忧解难。因此，互联网的运用为心理咨询提供了网上服务的全新途径。网络心理咨询主要是针对在现实生活中希望求得帮助，但却又不愿意去咨询心理专家的那些真正有心理困惑和情绪困扰的学生，因为“网上的咨询方式对咨询者是保密的，可以打消学生的心理顾虑，有利于学生打开心扉，使得心理咨询工作能够顺利进行”。因此，对于那些行为拘谨、性格比较内向、不善表达的学生或者不愿意暴露身份的来访者，网络咨询有其突出的优点。

3. 组建知识论坛，开展专题讨论

心理健康教育体系的建设者应该与同行共建心理健康教育网站，将一些经典的案例定期放在网站上供学习者学习与参考，让其在这些案例中深切体会到心理健康教育的意义和价值。当然，学校也应该利用互联网，组织心理健康教育方面的专家、学者或者一线教师定期在网上开展一些心理健康知识论坛，为学生答疑解惑，等等，让学习者能够得到更专业的接受心理健康教育的机会。通过建立校园 BBS，针对未来就业问题、自身发展问题以及如何积极地面对人生等心理健康热点话题让学生们来共同讨论，倡导学生关注心理健康教育。

因此，“互联网+”理念模式下各个学校必须开设与完善相关的心理健康教育课程及其管理制度，在学校网站上专门创建心理健康教育板块，加强对网络信息的监察力度，从而塑造一个具有浓厚学术氛围的心理健康教育外部环境，让网络学习者可以充分体会到心理健康教育的重要性和价值。

4. 完善并优化网络信息管理制度

制度保障是任何公共活动得以开展的基础性条件，学校心理健康教育体系的构建，离不开网络信息管理制度的保障。因此，完善并优化网络信息资源管理制度，加强对心理健康教育学习资源信息的监督力度，是“互联网+”背景下学校必须予以重视的方面。网络平台应该组建专业化的网络管理队伍，加强对网络信息的监督力度，这样可以贯彻和落实一些相关的制度，一旦发现不良信息立即采取处理措施。当然，也应该在网络信息平台上设立心理健康教育宣传周，加强网络宣传教育，定期组织相关活动，以此来塑造浓厚的心理健康教育气氛，积极鼓励学生参加心理健康教育一系列的实践活动。

如此，在管理者与学习者之间，建设起完善的网络信息管理机制，将心理健康教育工作纳入学校重要工作日程，加强领导，完善心理问题筛查、干预、跟踪、控制一体化的工作机制是加强心理健康教育工作科学性和有效性，做好心理健康教育实践活动的有力保障。

# 第二章　学校心理健康教育的理论基础

## 第一节　学校心理健康教育的目标与任务

### 一、学校心理健康教育的目标

心理健康教育的总目标：提高全体学生的心理素质，培养他们积极乐观、健康向上的心理品质，充分开发他们的心理潜能，促进学生身心和谐可持续发展，为他们健康成长和幸福生活奠定基础。

心理健康教育的具体目标：使学生学会学习和生活，正确认识自我，提高自主自助和自我教育能力，增强调控情绪、承受挫折、适应环境的能力；培养学生健全的人格和良好的个性心理品质；对有心理困扰或心理问题的学生，进行科学有效的心理辅导，及时给予必要的危机干预，提高其心理健康水平。

由此可见，目标具有两层含义：一是发展性目标，对没有心理问题的学生，传授必要的心理健康知识，使他们能正确处理学习和生活，人际关系等方面的问题，避免或减少心理问题的产生，提高自身心理素质；二是调适性目标，针对部分或个别有心理困扰或心理问题的学生，给予充分地关心，运用多种方法进行矫正、治疗，帮助他们恢复心理健康。

以此为依据，心理健康教育课程强调发展性目标，应遵循助人自助，促人自悟的心理健康教育原则，以心理辅导课程为载体，充分发挥团体辅导的优势，提高全体学生的心理素质。

### 二、学校心理健康教育的任务

“教育的创新是中国教育发展的方向。如何提升教育的质量，真正实现高素质人才的培养，实现教育跨越式的发展，是广大教育工作者面临的一项紧迫任务。”① 全面推进素质教育，增强学校德育工作的针对性、实效性和吸引力，开发学生的心理潜能，提高学生的心理健康水平，促进学生形成健康的心理素质，减少和避免各种不利因素对学生心理健康的影响，培养身心健康、具有社会责任感、具有创新精神和实践能力的德、智、体、美、劳全面发展的社会主义建设者和接班人。按照“全面推进、突出重点、分类指导、协调发展”的工作方针，不同地区应根据本地实际情况，积极做好心理健康教育工作。

### （一）全面推进

要普及、巩固和深化学校心理健康教育，加快制度建设、课程建设、心理辅导室建设和师资队伍建设，积极拓展心理健康教育渠道，建立学校、家庭和社区心理健康教育网络和协作机制，全面推进心理健康教育科学发展，在学校普遍建立起规范的心理健康教育服务体系，全面提高全体学生的心理素质。

### （二）突出重点

地方教育行政部门和学校要利用地方课程或学校课程科学系统地开展心理健康教育；要加强心理辅导室建设，切实发挥心理辅导室在预防和解决学生心理行为问题中的重要作用；加强心理健康教育师资队伍建设，建立一支科学化、专业化的稳定的心理健康教育教师队伍。

### （三）分类指导

大中城市和经济发达地区，要在普遍开展心理健康教育工作的基础上，继续推进和深化心理健康教育工作，努力提高质量和成效，率先建立成熟的心理健康教育服务体系；其他地区，要尽快完善心理健康教育工作机制，建立心理健康教育辅导室和稳定的心理健康专业教师队伍，普遍开展心理健康教育工作。

### （四）协调发展

坚持公共教育资源和优质教育资源向农村、中西部地区倾斜，逐步缩小东西部、城乡和区域之间学校心理健康教育的发展差距，以向中西部地区和农村地区发展为重点，推动

① 孙兆礼，何竟轩．学校心理健康教育技术化之路［J］．中小学心理健康教育，2011（18）：23.

学校心理健康教育全面、协调发展。按照“城乡结合，以城带乡”的原则，加强城乡学校心理健康教育的交流与合作，实现心理健康教育全覆盖和城乡均衡化发展。同时，着力提高学校心理健康教育质量和成效，促进学生的心理素质和德智体美全面协调发展。

## 第二节　学校心理健康教育的原则与途径

### 一、学校心理健康教育的基本原则

“学校心理健康教育是一种制度化、专业化、系统化的育人活动，它运用多学科的理论和教育技术，通过不断拓展的工作领域，有效地保障、促进和发展学生心理健康和健全的人格，是心理咨询、心理辅导、心理治疗在教育领域整合的结果。”① 开展心理健康教育，要以学生发展为根本，遵循学生身心发展规律，必须坚持以下基本原则。

第一，坚持科学性与实效性相结合。要根据学生身心发展的规律和特点及心理健康教育的规律，科学开展心理健康教育，注重心理健康教育的实践性与实效性，切实提高学生心理素质和心理健康水平。

第二，坚持发展、预防和危机干预相结合。要立足教育和发展，培养学生的积极心理品质，挖掘他们的心理潜能，注重预防和解决发展过程中的心理行为问题，在应急和突发事件中及时进行危机干预。

第三，坚持面向全体学生和关注个别差异相结合。

第四，全体教师都要树立心理健康教育意识，尊重学生，平等对待学生，注重教育方式方法，关注个别差异，根据不同学生的特点和需要开展心理健康教育和辅导。

第五，坚持教师的主导性与学生的主体性相结合。要在教师的教育指导下，充分发挥和调动学生的主体性，引导学生积极主动关注自身心理健康，培养学生自主自助维护自身心理健康的意识和能力。心理健康教育的主要内容包括：普及心理健康知识，树立心理健康意识，了解心理调节方法，认识心理异常现象，掌握心理保健常识和技能。其重点是认识自我、学会学习、人际交往、情绪调适、升学择业以及生活和社会适应等方面的内容。

---

①　梁次红. 论学校心理健康教育的实质［J］. 湖北农学院学报，2003，23（6）：462.

## 二、学校心理健康教育的基本途径

### （一）教师与学科教学渗透

学生的心理健康教育不仅仅是几个专职的心理辅导教师的工作，而是全体教师的共同任务。学校心理健康教育的成效，需要全体教师的共同参与和携手努力，应把学生的心理健康教育渗透到所有的教学工作及学科教学当中。因此，现代学校教育要求每位教师都必须掌握心理学的基础知识以及心理辅导的基本理论与方法。

第一，班主任的心理辅导工作。班主任不仅是班级的组织者、管理者、教育者和各项活动的参与者，更是班级学生身心健康的维护者。班主任最了解学生，能够及时发现学生的心理需要、心理状态以及出现的问题，以便及时应对和解决问题。因此，在学校心理健康教育中，班主任发挥的重要作用，是其他途径所不可替代的。班主任可结合主题班会、集体课外活动、团队活动等开展心理辅导，还可以及时发现个别学生出现的反常行为，私下谈心，进行个别辅导。班主任还可以与家长进行沟通及配合，共同开展学生的心理健康教育。

第二，在学科教学中渗透心理健康教育。学科教学是学校最主要、最基本的活动形式。课堂教学是心理健康教育的主渠道。因此，在学科教学中渗透心理健康教育有着时间和空间上的优势，可以使学校心理健康教育在学校得以全方位地展开。从教学内容上看，各科内容具有很好的心理健康教育素材。例如，文科类的课程具有许多与社会生活相关的知识，可以帮助学生了解社会、培养良好的社会情感、陶冶心灵。有些课程内容直接与心理健康相关。理科类的课程可以培养学生严谨的学习态度、热爱大自然的情感。其中生物课程可以培养学生热爱生命、珍惜健康的意识，还可以进行间接的性教育。

### （二）心理辅导活动课

心理辅导活动课又称心理健康活动课，它是为开展心理辅导而专门设计的一种活动课程，以解决学生成长中的各种心理和行为问题为目标，在班级内开展团体心理辅导。它有明确的教学目标和教学大纲，有具体的教学内容，有专业的授课教师，并有检验教学效果的手段与标准等，它弥补了学科课程中渗透心理辅导的不足。

为使学生健康心理辅导达到预期的目的，收到理想的效果，必须科学地设计辅导程序，对辅导题目、主题分析、目的要求、课前准备、操作过程及总结和建议等各个环节进行科学、合理、有序的安排。

### （三）个别心理咨询

个别心理咨询是辅导教师与学生一对一地开展的心理辅导活动。比较常用的方法是个别交谈，此外还有电话咨询、信函咨询等（如“心理信箱”）。个别心理咨询大多面临的是因出现某种心理困扰而主动来访的学生，因此，它以校正性辅导为主，当然有时也可以进行发展性或预防性辅导。个别心理咨询的步骤一般分为开始阶段、指导与帮助阶段、巩固与结束阶段。

### （四）团体心理辅导

团体心理辅导，是指在团体指导者的带领下，团体成员围绕某一共同关注的问题，通过一定的活动形式与人互动，相互交流、启发、诱导，达成共识与目标，进而改变成员的观念、态度和行为，有效地处理他们所面临的共同问题。在团体辅导过程中，心理辅导教师承担了团体指导者的责任，若干名参与的辅导学生，称为团体成员。团体辅导的规模一般在 6~12 人。

团体心理辅导具有其独特的作用。首先，团体成员之间的相互接纳、相互感染、相互支持和鼓励，可以形成良好的团体动力场，能使团体成员减少压力、放松自我，产生一种安全、温暖和被接纳的感觉，这对于解决团体成员的心理问题具有极为重要的促进作用。其次，可以在有限的时间内同时给多人提供有效的帮助，是一种省时、高效的辅导方式。

团体心理辅导过程一般包括准备阶段、团体初创阶段、中间阶段和结束阶段。

# 第三节　学校心理健康教育的内容体系

## 一、自我意识辅导

### （一）自我意识的作用解读

所谓自我意识，是指个体对自己的各种身心状态以及对自己与周围环境之间关系的认识、体验和愿望。自我意识包括主体对自己机体及其状态的认识；主体对自己肢体活动状态的认识；主体对自己的思维、情感、意志等心理活动的认识。自我意识是一个复杂的、多层次的心理系统。具体地说，它包括三部分内容：①个体对自己身体、生理状态的认识、体验；②个体对自己的心理活动、个性特点、心理品质的认识、体验和愿望；③个体对自身与外界客观事物和人的关系的认识、体验和愿望。

一个人的心理发展一般都要经历从幼稚到成熟的过程，形成正确的自我意识是心理成熟的标志，主要表现在以下几个方面。

第一，促进社会适应，和谐人际关系。许多人社会适应不良及人际关系不协调是由自我意识不健全或不正确造成的。如果一个人对生理的自我、心理的自我和社会的自我认识、体验不正确，尤其是在自我评价及自我概念上与客观的现实差距太大时，就可造成社会适应不良和人际关系不协调，从而影响人的心理健康。正确的自我意识通过正确的自我评价产生合理的理想自我，并且通过正确认识自己与他人、个体与群体双方不同的地位和需要，采取不同的策略，主动调节人际关系。对己、对人能够知己知彼，从而保持良好的社会适应和人际关系，维护心理健康。

第二，促进自我实现。健全的自我意识通过合理的自我认识、良好的自我体验、自觉的自我调节和控制，从而促进自我实现，最大限度地挖掘自身心理潜力。

第三，有助于自我教育和自我完善。当现实的自我和理想的自我不能统一或在理想的自我实现过程中受到挫折时，有健全自我意识的人能够自省，自觉地寻找其原因。通过自我调节、控制，纠正心理偏差，努力缩小理想的自我与现实的自我的差距；重新调整认识，形成新的“理想自我”的内容，使自己的心理行为个体化与社会化协调、平衡、完善发展。

第四，有助于心理健康的发展。心理健康发展在很大程度上取决于个体自我意识的发展水平，具有正确的自我观念是心理健康的主要指标之一。心理健康的人既能客观地评价别人，又能正确地认识自己和愉快地接受自己。他们既能正视并努力改正自己的缺点，又能发现并努力发挥自己的潜能，体现自身存在的价值，同时具有较强的自我调控力，能正视并战胜挫折。所以，健全的自我意识有助于促进心理健康发展。

### （二）自我意识辅导的内容

自我意识辅导，就是根据自我意识的结构及其有关理论，引导学生正确地进行自我意识活动，帮助学生形成积极的自我意识品质。

积极的自我意识品质包括：①自我认识全面而客观，既能看到自己的优点，也能看到自己的不足；②悦纳自我，即能欣赏和接纳自己。不仅能接纳自己的优点和长处，也能接纳缺点和不足，并且在整体上喜欢自己，对自己充满信心；③能有效地自我监控。即根据目标，能对自己心理行为进行自觉和有目的的调节、控制。

1. 自我认识辅导

自我认识是主体对自己的生理特点、心理特点、人格特征、能力、社会地位、价值的自我认知。自我认识辅导就是培养学生对自己的生理状况、心理特征以及自己与周围人们的关系进行正确的认知。

正确的自我认识就是要求一个人对自我的认识要与自我的实际情况相符合。它包括两个方面的含义：一方面，正确、全面认识自己的特点和长处；另一方面，正确认识自我与社会、个人与集体的关系，认识到个人的成长离不开集体，自我的人生价值主要在于对社会的贡献。

全面正确认识自我是形成自我意识的基础，如果一个人能够全面地、正确地认识自己，客观地、准确地评价自己，就能够量力而行，确立合适的奋斗目标，并为实现这一目标而不懈努力。自我认识的难处在于自己认识自己。因此，学生只有打破自我封闭，拓宽生活范围，增加生活阅历，扩展交际空间，积极参加活动，扩大社会实践，才能多角度认识自我，自我认识的途径如下。

（1）通过对他人的认识来认识自我。深刻的自我认识是以深刻认识和理解他人、理解社会为前提的。学生应积极主动地投身于认识世界、改造世界的社会实践活动中去，不断丰富自己对自然、社会和他人的认识。在认识、评价他人言行的过程中，个体逐步学会了认识、评价自己，了解自己的个性特点，对自己有一个全面、深入的认识，促进自我认知水平的不断提高。

（2）通过分析他人对自己的评价来认识自我。正确地认识他人对自己的评价，是自我认识的一条重要途径。认识自己有时的确比较难，一般来说，当局者迷，旁观者清，周围的人对我们的态度和评价能帮助我们认识自己、了解自己。他人是反映自我的镜子，个体正是从他人对自己的看法、态度和评价中，逐步完善对自我的认识的，并不断发现自己身上的优缺点。

（3）通过与他人的比较来认识自我。人总是不由自主地将自己和他人进行比较，在比较的过程中发现自己的优势，明白存在的问题，认识自己能力的高低，道德品质的好坏，追求目标是否恰当等。因此，对学生进行自我意识的培养时，要引导他们不仅与自己情况差不多的人比较，更要敢于与周围的强者比较。通过比较来认清自己的优势和劣势，长处和短处，达到取长补短，缩小差距的目的。

（4）通过自我比较来认识自我。人们不仅可以通过与他人的比较来认识自我，也可以从比较自己的过去、现在和将来中认识自我。因此，对学生自我意识的培养：一方面，鼓励学生超越自我，不要满足于现有的成绩；另一方面，引导学生确立恰当的抱负水平，不要一味地跟自己过不去，从自己的发展历程中进行比较，从比较中认识自我。

（5）通过自己的活动表现和成果来认识自我。自我意识是个体实践活动的反映，个体在实践活动中的表现和成果可以为个体认识自我提供途径，学生正是在从事各方面的活动中展现自己的聪明才智、情感取向、意志特征和道德品质的。通过活动认识自己，就是“实践是检验真理的唯一标准”在自我认识上的体现。因此，引导学生正确分析自己的活动表现和成果，有利于他们客观地认识自己的知识才能，兴趣爱好，进一步发挥自己的长处，弥补自己的短处。

（6）通过自我反思和自我批评来认识自我。要求学生具备一定的自我反思和自我批评能力，客观地剖析自己的内心活动和言行，勇于“解剖”自己，敢于批评自己，有助于修正、完善自我认知。

2. 自我接纳辅导

自我接纳，是指个体对自身以及自身所具特征所持的一种积极的态度，即能欣然接受自己现实中的状况，不因自身优点而骄傲，也不因自己的缺点而自卑。学生的自我接纳辅导就是培养其正面评价自己，正确分析、评价自己的优点和缺点的能力，培养学生的自尊心和自豪感，引导学生认识自己的潜力和特长，了解自己的独特价值，最终愉快地接纳自己。

自我接纳是自我体验的关键与核心，它涉及一个人是以积极的态度认可自我，形成自尊、自信的人格品质，还是以消极的态度拒接自我，形成自卑的人格倾向。自我接纳不是对自己的放任，而是对自己的负责。自我接纳的目的是让自己正视并拥抱真实的自己，进一步完善自己。

3. 自我监控辅导

自我监控，指个体对自身的心理与行为的主动掌控。学生的自我监控辅导就是培养学生对自己心理行为的自觉和有目的调节、控制，如对自己的目标、思想、心理和行为等表现进行的管理，自己把自己组织起来，自己约束自己，自己激励自己，最终实现自我奋斗目标的一个过程。

自我监控主要包括：①自我检查和分析。只有进行自我检查和分析，才能及时掌握目标的状态，发现问题并分析产生问题的原因，便于采取措施解决。②主动纠正偏差。通过自我检查和分析发现了问题，找到了偏差，就要积极地采取措施去纠正偏差，保证自己目标的完成。

## 二、情绪管理辅导

情绪管理，是指通过研究个体和群体对自身情绪与他人情绪的认识、协调、引导、互动和控制，充分挖掘和培植个体和群体的情绪智商、驾驭情绪的能力，从而确保个体和群体保持良好的情绪状态。情绪管理辅导是指运用有关心理辅导的理论和技术，帮助学生认识、接纳和把握自己的情绪，学会恰当地表达情绪以促进相互间的理解和交流，并学会控制、疏导自己的情绪，处理自己的情绪困扰，增进自己心理健康的一种教育活动。

### （一）情绪的表达与功能

情绪，是人对客观现实是否符合自己的需要所产生的一种态度体验。它与认识活动不同，具有独特的主观体验形式、外部表现形式和独特的生理基础。人的情绪有积极情绪和消极情绪之分。积极情绪是指由于体内外刺激和事件满足了个体需要而产生的伴有愉悦感受的情绪，包括快乐、满意、兴趣、自豪、感激等。消极情绪是指由内外因影响而产生的不利于学习工作和生活的情绪，包括焦虑、恐惧、愤怒、憎恨、紧张等。

1. 情绪的表达

情绪表达是个体将其情绪经验通过行为活动表露出来，从而显现其心理感受，借以达到与外界沟通的目的。情绪表达的方式很多，主要包括面部表情、身体姿态表情和语言表情等表达方式。

（1）面部表情。情绪表达以面部的肌肉活动为主。有关描写情绪的很多词语，如喜笑颜开、眉飞色舞、愁眉苦脸、大惊失色、怒目而视等，都是指面部的表情，表达了不同的情绪状态。这些词语一方面表示情绪表达者的心理状态，另一方面也表示别人据此可了解当事人的心理状态。因此，由面部表情所表达的情绪具有双向沟通的作用。

（2）身体姿态表情。身体姿态表情是除面部之外身体其他部位的表达情绪的方式。头、手和脚是表达情绪的主要身体部位。人们常用鼓掌表示鼓励和兴奋，顿足捶胸表示痛苦、悔恨，垂头丧气表示失望，坐立不安表示烦躁。小品和哑剧演员常常将身体姿态、表情作为表现情绪的艺术表达方式。

（3）语言表情。语言表情主要是指言语的声调、音色、音量、节奏速度方面的变化。

例如，喜悦时语调高昂，速度较快，语音高低差别大；悲哀时语调低沉，言语缓慢，断断续续。言语表达所传达的情绪信息比言语本身含义更多、更复杂。

2. 情绪的功能

作为知情意中的“情”，情绪是人的心理活动的重要组成部分，对人的学习生活等各个方面都起着非常重要的作用。

（1）情绪有激发心理和行为动机的作用。情绪可以驱使人们从事活动，提高人的活动效率。适度的情绪兴奋会使人的身心处于最佳活动状态，能促进主体积极地行动，从而增进行为的效率。一定情绪紧张度的维持有利于行为的进行，过于松弛或者过于紧张对行为的进程和问题的解决不利。

（2）情绪有着促进个体生存发展、适应环境的作用。每个人都能够通过情绪所引起的生理反应，发动其身体的能量，从而使自己处于适宜的活动状态，便于适应环境的变化。随着当前社会变化的速度加快，情绪调节也成了适应社会环境的重要手段。人们在适应不良时往往会产生挫折感，导致焦虑和紧张。通过适当的情绪调节，降低焦虑和紧张，就能让人更好地适应环境，克服困难。

（3）情绪对心理活动起着组织和协调的作用。情绪对其他心理过程而言是一种监测系统，是心理活动的组织者。积极情绪对活动起着协调和促进的作用，不良情绪对活动起着瓦解和破坏的作用。如在行为方面，当人处于积极的情绪状态时，他容易看到事物美好积极的一面，因而态度变得和善，也乐于助人，勇于承担责任；在消极情绪状态下，人看问题容易悲观，行为懈怠，也更容易产生攻击性的行为。

（4）情绪有着传递信息、沟通思想的作用。虽然情绪和语言一样，具有服务于人际交流的功能，但是从发生学上来说，人类情绪的交流比言语的交流出现得要早；从效果上来说，情绪通过独特的无声的交流手段，即由面部肌肉、语音语调和身体姿态等多种形式，来表达和传递出由语言不能完全准确传达的信息。由此可见，情绪作为信息交流的手段，其作用非常重要。

情绪是心理健康的窗口，它在很大程度上反映了心理健康的状况。情绪是否健康，有三个基本标志：①情绪的目的性明确、表达方式恰当；②情绪反应适时、适度；③积极情绪多于消极情绪。

### （二）情绪管理辅导的意义

情绪管理，是指通过研究个体和群体对自身情绪与他人情绪的认识、协调、引导、互动和控制，充分挖掘和培植个体和群体的情绪智商、驾驭情绪的能力，从而确保个体和群体保持良好的情绪状态。情绪管理辅导是指运用有关心理辅导的理论和技术，帮助学生认识、接纳和把握自己的情绪，学会恰当地表达情绪以促进相互间的理解和交流，并学会控制、疏导自己的情绪，处理自己的情绪困扰，增进自己心理健康的一种教育活动。

近年来，社会发展十分迅速，社会竞争不断加剧，学生从小就参与学业竞争，随着社会价值的多元化及家庭不稳定性的增加，学生所经历的压力源也在不断增多。情绪管理辅导的主要作用表现在以下几方面。

第一，情绪管理辅导有利于建立和谐的人际关系。个人良好的情绪管理是构建融洽人际关系的重要前提，这一点从“情商”的内涵中也可以解读到。情商可以用这样几个关键词来诠释，即“自知”“自控”“自立”“通情达理”“富有同情心”。意思是指个体能准确地识别、评价自己和他人的情绪情感，并能适应性地调节、引导、控制和改善自己和他人的情绪，同时能设身处地地考虑他人的情绪感受和行为原因，善于换位思考等。由此可见，引导学生做好情绪管理，才能使他们更有效地与他人进行沟通、交流、人际互动等，提升自己的人际吸引力，在人际交往中成为受欢迎的人。因此引导学生做好自我情绪管理，对于他们建立和谐的人际关系有着积极的影响。

第二，情绪管理辅导有利于学生的身心健康。情绪与人们的身心健康有着密切的关系。良好的情绪可以直接作用于脑垂体，保持内分泌的适度平衡，使全身各系统、器官的功能更加协调、健全。因此，告诉学生不要一味地排斥自我的不良情绪，或选择逃避或放任不良情绪牵制自己，引导他们正确认识、体察、悦纳不良情绪，并善于主动地采取建设性的方式去调整自我的不良情绪，从而使自我的心理状态及时还原到平衡点。用积极乐观的态度面对学习和生活，这无疑会有助于学生建立和维护良好的情绪状态，促进身心健康。

第三，情绪管理辅导有利于塑造健全人格。人格是个人素质的重要组成部分，人格是个人独特的、以自我为核心的、相对稳定而又有一定可塑性的、整体的行为模式和经验表现的样式。人格是个人的身体与心灵合二为一的存在状态。健全人格的情绪控制特征是：情绪理性化、冷静，脾气温和，有满足感，与别人相处愉快。这不仅体现了情绪与人格密切相关，也说明了提高情绪管理能力对人格发展的重要意义。对情绪的有效调节和控制能使个体保持良好、积极、稳定的情绪，有助于培养乐观向上、积极进取、百折不挠的良好品质；对自己和他人情绪的认知、理解有助于培养真诚友好、善解人意等良好性格。

总之，情绪管理辅导对人的学习、工作和生活具有非常重要的意义，如果个体早期的情绪遭受剥夺或遇到持久的困扰而得不到及时缓解，就会影响以后心理的健康发展。

## 三、人际关系辅导

人际关系辅导，可以促进学生的人际互动和社会适应，克服人际交往障碍，提高人际交往质量，进而促进学生的人格成长与成熟。其目标是培养学生的交往意识，发展其交往技能，使学生可以建立一种和谐、融洽的人际关系，最终促进其人格成长和心理健康。

### （一）人际关系的心理结构

所谓人际关系，是指人运用语言或非语言符号交换意见、交流思想、表达感情和需要的过程，是通过交往而形成的人与人之间的心理关系，反映的是人与人之间的心理距离。

人际关系的主体是个体的人。人际关系所反映的是个体与个体之间的关系。其主体与对象都是个人，具有显著的个体性。人际关系指的是个人与进入个人生活范围的他人之间的关系，而不是泛指整个社会中人的相互关系，也不是个人在想象中与他人的交往。这种交往活动是个体与其生活范围内的其他人之间经常性的自觉或不自觉的各种联系和往来。

人际关系强调的是人与人之间的情感关系，而不是经济、政治、文化等方面的关系。但这种心理的、情感的关系反映了人的生物的、物质的、文化的、政治的关系。

人际关系是一个互动过程：作为心理、情感上的沟通，不是单向的“输出—接受”关系，而是双向的“输出—反馈”关系，两者互相影响、互相作用，彼此心理和情感都发生变化。

一般来说，人的心理分为知、情、意三层结构。知为认知系统，情为动力系统，意为控制系统。这三个子系统相互作用，相互影响，就构成了心理结构的整体系统与功能。人际关系的心理结构也包括人际认知、人际情感和人际行为这样三个具有内在联系的具体层面。

#### 1. 人际认知

人际认知，是指人与人在交往过程中的相互认知，即通过彼此相互感知、识别、理解而建立的一种心理联系。它包括自我认知、对他人的认知、对人际关系的认知三个方面。人际认知是人际交往的基础。人际交往的建立是从人与人之间的相互认知开始的。人际认知是双向的互动过程，一方面要使自己了解他人，另一方面也要使他人了解自己。为使他人更好地理解自己，一定程度上的“自我暴露”是必要甚至必需的，每个人都需要向他人开放一定的自我领域。人们可随着交往频率的增多，逐步加深对他人的了解，人际认知是人际交往的前提。

2. 人际情感

人际情感，是指人际交往中各自的需要是否得到满足而产生的情绪、情感体验。通常人们将人际情感分为积极（正情感）、消极（负情感）和中性三种类型。积极情感是指促进人际相互亲近、融合的情感，如喜欢、喜爱等。消极情感是指导致人际相互疏远、分离的情感，如厌恶、仇视等。中性情感是一种若即若离、不即不离的情感，在人际交往中这种中性情感大量存在着。由于人际交往在心理上总是以彼此满意不满意、喜爱不喜爱等情感状态为特征，因此，人际情感就成为人际关系的核心，它是人际关系中最本质的、具有决定性影响的因素，是衡量人际关系的晴雨表。

3. 人际行为

人际行为，是指双方在相互交往过程中的外在行为的综合体现，它包括人们的仪容仪表、服饰打扮、言谈举止、礼仪礼节等。在人际交往中，不论是认知因素还是情感因素，都要通过人际行为表现出来，人际行为是人际交往的调节杠杆，人们可以通过各种行为调节、修补、完善人际关系。

### （二）人际关系的重要意义

人的成长、发展、成功、幸福都与人际关系密切相关。没有人与人之间的关系，就没有生活基础。对任何人而言，正常的人际交往和良好的人际关系都是其心理正常发展、个性保持健康和生活具有幸福感的必要前提。

第一，有助于社会化与个性发展。在良好的人际关系条件下，人们能通过他人对自己形象的映射，了解自己行为表现的恰当性与能力的高低，从而不断调整自己的行为，努力进取，完善个性，使自己的潜能得到进一步发挥。同时可以把他人的态度、价值观念、优良品质、精神风貌等吸收过来，取人之长，补己之短，使自己的个性更加完善。

第二，有助于心理健康。健康的个性总是与健康的人际关系相伴相随。心理健康水平越高，与别人的交往就越积极，越符合社会的期望，与别人的关系也越深刻。

第三，有助于知识的获得。21 世纪是人才竞争的时代，若想在人才竞争中脱颖而出，靠得不仅仅是出众的才华，而且更在于有良好的适应社会生活的能力、良好的人际协调的能力。在科技日新月异的年代，知识的更新换代极为频繁，每个人都需要不断地进行知识的补充与更新。但是，单个人的能力是有限的，光靠书本上的知识很难适应社会发展的实际需要，而积极的人际沟通与交往，是人们获取新知识的有效途径。良好的人际关系使同学之间能相互仿效，相互帮助，交流心得，畅谈理想，切磋未来；使师生之间情感相融，教学相长，从而使学生视野不断得到扩展，思想不断受到启迪，使他们的理想层次逐步提高，使他们为理想的实现而努力学习的积极性得到激发。

### （三）人际关系辅导的架构

#### 1. 师生关系

良好的师生关系不仅对他们的学业产生非常重要的影响，同时对他们能力的发展，良好人格的形成和心理的健康发展起着至关重要的作用。

教师是教育过程的组织者，在全部教育活动中起主导作用。从根本上说，良好的师生关系首先取决于教师。

（1）加强师德修养。教师要树立科学的世界观、价值观和人生观；认真学习中华民族的传统道德理论，吸取其精华，并在实践中发扬光大；认真学习共产主义道德理论，用先进的道德理论武装自己、教育自己，树立正确的道德理想；认真学习一般的道德理论和教师的职业道德理论，从多方面获取道德知识，为良好道德品质的形成奠定坚实的基础。学习教育理论，掌握教育规律，按教育规律办事，能更好地完成教书育人的职责，增强教书育人的本领。

学习理论是重要的，更重要的是将理论付诸教育实践，因为教育实践不仅是教师进行师德修养的现实基础，同时也是检验教师师德修养的唯一标准，是教师师德修养的目的和归宿。教师的职业道德修养不是一蹴而就的，而是要在教育实践中不断认识、不断提高、不断完善的。只有经过实践的反复磨炼，道德认识才能日益明确和深刻，道德信念和道德意志才能日益坚定，道德情感才能日益丰富，道德理论才能日益完善，教师才能形成良好的师德品质，成为品德高尚的人。

身教重于言传，教师的一言一行对学生的影响是巨大和潜移默化的，加强师德建设对培养高素质学生、形成良好校风是至关重要的，是其他培养方式所不能代替的。教师通过自身思想素质的锤炼和道德情操的塑造，在学生中起着表率或榜样作用，犹如春风细雨般地渗透到学生的灵魂深处，潜移默化地、积极地影响着一代又一代的青年学生。

（2）树立正确的学生观。正确的学生观是建立良好师生关系的基础。教师的学生观影响教师的工作态度，也影响教育的效果。教师不仅应有正确的学生观，而且要深入了解学生的教师观，学生的教师观往往是教师的学生观的反映。

（3）发扬教育民主。民主平等是现代师生伦理关系的核心要求，教师的民主作风对师生关系的影响极大。因此，教师应该信任、尊重学生，平等与学生相处，坦诚相待，在教育教学中发扬民主作风，才能促进师生双方互相信任，把师生关系推向和谐。

（4）关心热爱学生。关心热爱学生是教师职业道德的重点内容，是教师忠诚于教育事业的具体表现，也是建立良好师生关系的关键所在。因为，“热爱就是最好的教师”。热爱是教书育人的思想感情基础，是决定教育成果的强大力量。对学生由衷地关心爱护是打开学生心灵之门的钥匙，是建立良好师生关系的桥梁，也是教师取得成就的奥秘所在。深入了解与研究学生，这是关心热爱学生，有效教育学生的起点，也是建立良好师生关系的前提。教师要深入了解学生，不仅要及时了解学生学习情况、作业情况和课外活动情况，也要了解学生的年龄特点、个性差异等。教师既要理解学生，将心比心，关怀备至，又要对他们循循善诱，严格要求。

（5）充分利用课余时间，促进师生的自由交往。就像任何人与人之间的关系一样，交往的双方多花点时间相互了解是非常有好处的，特别是一些非正式时间和非正式场合。

（6）有效的沟通技能。如何跟学生沟通，聆听学生的心声，这既有教育理念的问题，也有技术的问题。采用倾听技能的基本目的是促进学生诉说发自内心的忧虑和需求。教师做到了全神贯注和不加评论的倾听，学生就会感觉自己的情感被接受了，这样可以减少学生掩盖其内心真实感受而引起的紧张和焦虑。教师与学生的谈话过程中要以一种平等的关系进行，要鼓励学生多说自己的想法和感受，要全神贯注地聆听学生的讲话，通过细心聆听每一位学生的心声构建良好的师生关系。

2. 同伴关系

同伴关系指年龄相同或相近的个体之间由于共同的兴趣需要在交往过程中建立和发展起来的一种共同活动并相互合作的人际关系。同伴关系是人际关系的一种主要形式，良好的同伴关系有利于学生获得归属感，体验到被尊重。良好的同伴关系，对于他们完成学习任务，适应校园环境，增进相互了解，分享经验与感受，建立友谊，形成和巩固集体意识，提高对实际问题的应对能力，全面发展各项素质，都有深刻的影响。同时，同伴交往的经验为学生日后走入社会处理人际关系奠定了基础。

学生在日常学习生活中出现一些人际交往困难和不适应是难免的，而对这些不良交往心理，必须从调节交往认知结构和学习交往技能两方面着手。

（1）克服不良心理，端正交往态度。树立平等交往的观念。每个人都是独立的有理性的主体，都有自己的尊严。在交往中，不管性别、家庭条件、地位、学习成绩如何，都是平等的主体，而无尊卑优劣之分。这是正常交往产生和发展的出发点和基本要求。

树立真诚交往的观念。真诚表现在人与人之间相互理解和信任上，表现在对人的坦率和尊重上，表现在诚实守信上。要改善与同学的紧张关系，就不能虚情假意、口是心非。应当以真挚的情感，诚实的态度去拨动对方的心弦，让对方从内心相信和理解自己的友好愿望。

树立主动交往的观念。学生应该主动了解同龄人的性格、爱好，多与同学谈心，互相交流信息、思想及感情，取得相互了解与信任，密切同学之间的来往，做一个真正受他人欢迎的人。

树立学而得之的观念。人并非生而知之，交往也需要学习，学生要多读一些相关方面的书籍，掌握待人接物、谈话、交往、表达意见、当众演说的技巧，提高自己的学识素养。在交往中向同学学习，在实践中积累经验。当然最重要的是要树立正确的世界观，培养高尚的道德品质，加强个性修养，真正提高自己的社交能力，从而正确地处理好各种人际关系。

树立以交往促发展的观念。人际交往是个人社会化的主要途径，广大学生在与同伴交往的过程中，会有意无意地调整自己的行为，逐步学到社会生活所必需的知识、技能、态度、伦理道德规范等，逐步摆脱以自我为中心的倾向，意识到自我在社会中的地位和责任，学会与人平等相处和竞争，养成遵守法律和道德规范的习惯，从而为自立于社会，取得社会认可，成为一个成熟的社会化的人打下坚实的基础。

（2）学习正确的交往方法，培养良好的社交技巧。要注意自己的形象。人的第一印象是相当重要的，给人留下鲜明、深刻的好印象是人际交往成功的第一步。

要学会理解和把握对方的心境。要学会换位思考，站在别人的角度，设身处地地为别人着想，这件事情要是放在自己面前，该怎么处理？当同学之间发生矛盾与冲突时，注意反思自己的言行，尽量对他人宽容。

要注意交往的行为。在交往中要注意对任何事情都不要过于计较，不要过分要求甚至苛求别人；与朋友相处要求大同、存小异；要多交益友，少树敌甚至不树敌，努力缓解冲突和矛盾。

要学会适度表扬别人。每个人都需要被人欣赏和赞美，善于欣赏和赞美别人是拥有良好人际关系、寻觅知心朋友的一个重要条件。

要学会妙用微笑。微笑是热情的标志，是友善的信号。它使得刚刚认识的双方能够很快消除陌生感，体会到支持和信任、亲切和友善。

3. 亲子关系

亲子关系是指父母亲和子女之间的关系，它是由夫妻关系派生出来的一种最基本的以血缘关系为纽带的家庭关系。亲子关系是学生成长过程中极为重要的因素，对心理发展有着重要意义。亲子关系与学生的学业成绩、问题行为、心理障碍等有着直接的联系。

（1）亲子关系的类型。

第一，养育型亲子关系。父母把精力都集中于解决孩子的问题，而没有更多时间去教育孩子或缺乏教育孩子的能力。

第二，财产拥有型亲子关系。即父母把孩子看作是自己的私有财产，不考虑孩子的思想、情感，孩子任何反抗都使会他们产生强烈的愤怒，孩子只能服从。

第三，冲突型亲子关系。这种亲子关系出现明显冲突，父母攻击子女，子女反击父母。

第四，泛爱型亲子关系。父母过度保护孩子，结果使孩子形成胆小怕事、抑郁、自私、蛮不讲理等个性。

第五，民主型亲子关系。这种关系的特点是家长视子女为朋友，在做出决定时，都征求子女意见。

（2）家长方面改善亲子关系，可以从以下角度出发。

第一，学会理解尊重孩子。接纳孩子的感受；尊重孩子的个体差异；尊重孩子的独立性和自主性；学会赏识；信任孩子。

第二，多与孩子沟通，做孩子的朋友。首先，家长要善于倾听，允许孩子发泄不满和痛苦，家长善于用肢体语言和表情给予支持；其次，家长要掌握有效的沟通方法，了解是前提，尊重理解是关键，要学会换位思考。

第三，向孩子学习。父母向孩子学习的前提是了解孩子、了解时代的变化；欣赏孩子的优点是向孩子学习的首要条件；向孩子学习应以真诚为本；努力做孩子的好伙伴应成为成年人的追求；建立对话式、交互式、融合式的教育模式。

（3）学生方面，改善亲子关系的做法如下。

第一，应该学会理解和尊重父母。人在成长的过程中，应该学着去理解父母，去体谅父母的辛苦，共同创设和谐的家庭氛围，而这些是很多学生意识不到的。学生应该站在父母的角度去换位思考，设身处地地为父母着想，学会理解父母。

第二，体会父母的爱。学生应该主动体会父母的爱，成为有责任、自立、自尊的人。

第三，学会和父母有效地沟通。①要认识自己的变化和特点，主动与父母沟通，让父母了解我们的变化，理解我们的愿望；②客观地看待自己与父母在知识和能力上的差别，从内心尊重父母，愉快地接受父母正确的意见和建议；③了解父母的辛苦、困难，体验父母的情绪和需要，关心父母的身体和心理状况，给予父母更多的精神安慰；④调节、控制自己的情绪、态度，克服逆反心理；⑤妥善处理尊重父母、孝敬父母与帮助父母的关系。

第四，对父母的爱给予回报。回报父母的爱，应该了解父母的期望。学生应该刻苦学习，努力求知，让父母少为自己的学习担忧；应该听从父母的教诲，不应随便顶撞，有不同想法应讲道理；应该严格要求自己，体谅父母的艰辛，尽可能少让父母为自己操心；应该为父母分忧解难，在父母生病或有困难时，尽力去关心照顾父母、协助父母。总之，对父母的爱的回报要体现在言行上，体现在细节处。

## 四、学习心理辅导

### （一）学习心理辅导及目标

学习心理辅导，是指学校教育工作者运用学校心理健康教育的理论和技术，对学生的学习动机、学习策略、学习习惯和学习过程中的各种心理问题进行辅导，以发展学生的学习能力和倾向并维护学生心理健康的教育活动。

首先，学习心理辅导是建立在学校心理健康教育理论的基础上，运用相关的技术对学生的学习过程所做的辅导。学习心理辅导作为学校心理健康教育的组成部分，其目的是使得学生能顺利地完成学业，促进学生心理健康，其理论基础必然是学校心理健康教育理论。

其次，学习心理辅导的内容既包括学生学习过程中的动机、认知、情绪和行为习惯等正常心理活动，也包括学生在学习过程中产生的学习焦虑、学习困难等各种心理问题。

最后，学习心理辅导的目的不仅仅是让学生学会学习，提高学生的学习能力和开发学生的学习潜能，还要促使学生的心理健康地发展。

学习心理辅导的终极目标是维护学生心理健康，总目标是发展学生的学习能力和学习能力倾向，使得学生顺利完成学习任务。学习心理辅导的总目标是通过四个方面的具体目标来实现的：①端正学生的学习态度，培养学生的学习兴趣，激发学生的学习动机；②发展学生的学习能力和倾向，提升学生的智力，促使学生学会学习；③使学生养成良好的学习习惯；④帮助学生解决学习过程中产生的各种心理困惑。

### （二）学习心理辅导的内容

从学习心理辅导的定义出发，学习心理辅导的内容可分为以下四个方面。

第一，学习动机辅导。这一方面的辅导主要解决学生的学习态度、学习动机、学习兴趣等问题。

第二，学习策略辅导。这一方面的辅导主要解决学生的学习方法、学习步骤、学习计划和达成学习目标的途径等问题。

第三，学习习惯辅导。这一方面的辅导主要解决学生的学习行为问题。让学生养成良好的学习行为习惯：按时完成作业；及时复习；不懂就问等。这个问题解决得好学生就能养成良好的学习习惯，提高学生的学习效率，起到事半功倍的效果。

第四，学习中的心理问题辅导。这一方面的辅导主要解决学生学习过程中产生的各种心理困惑和心理问题。它帮助学生应对学习中产生的各种消极情绪；克服学习困难。这些问题解决得好不仅能提高学生的学业成就，还能促进学生的心理健康。

### （三）学习动机辅导的实施

动机是指激发、维持个体行为并使行为指向特定目标的一种内在动力。人类的各种活动都是在动机的作用下，朝着某一目标进行的。学习动机即个体围绕某种学习目标并激发、维持学习行为的内在动力。

1. 学习动机的分类

（1）内部动机与外部动机。根据学习动机的动力来源不同，可把学习动机分为内部动机与外部动机。内部动机，指由个体内在兴趣、好奇心或成就需要等引发的动机。它是由学习者自行产生的，动机的满足在活动之内，不在活动之外。如有的学生对阅读文艺作品很感兴趣，一有空就读文艺作品，虽然并不因此获得奖赏或高分，但却乐在其中。外部动机，指由某种外部诱因所引起的动机。它是在外界的要求或作用下产生的，动机的满足不在活动过程本身，而在活动之外。这时学生努力学习并不是对学习本身感兴趣，而是对学习所带来的结果感兴趣。动机的不同来源决定着个体能否持续地从事某一活动。外部动机的产生依赖于特定的刺激情境，一旦情境消失，学习动机便会下降。相比之下，反映个体自身需求的内部动机更能强烈持久地推动个体学习。因此，对教师来说，最理想的做法是激发学生的内部动机。当然外部动机在一定条件下也可以转换为内部动机。

（2）远景性动机和近景性动机。根据学习动机的影响范围和作用时间的长短，可以把学习动机分为间接的远景性学习动机和直接的近景性学习动机。间接的远景性学习动机是与学习活动本身没有直接联系的动机。这类动机反映了社会和家庭的要求，又与学生对学习意义的认识、有没有远大志向以及他们的世界观有很大关系，尤其是对于年幼的学生来说，它对当前活动推动作用较小，但一旦形成就有较大的稳定性和持久性，能激发学生学习的主动性和自觉性。直接的近景性学习动机是与学习活动直接联系的动机。它可能是由教师和家长施加的压力、奖惩引起的，也可能是由同学间的竞争等引起的。这类动机起作用的范围和实际效能比间接的学习动机小，容易受当时的具体条件和一些偶然情境的影响。远景性学习动机和近景性学习动机是相互联系、相互补充的，只有将学生的年龄特点和学习情景密切结合起来，才能产生巨大的学习推动力。

2. 学习动机与学习效果

学习动机与学习效果之间是相互作用的。

（1）学习动机作为一种非智力因素，间接地对学习起作用。人的智力因素对学习有直接、重要的影响。但是，一些非智力因素，如集中注意力、坚持不懈及对挫折的忍受性等意志和情感方面的品质，对于成功的学习也是必不可少的。动机的作用正是通过唤起学习的积极性并增强学习的努力程度等重要的品质来间接地促进学习效果。

（2）学习动机的强度不同对学习效果有着不同作用。在各种学习活动中存在着一个最佳的动机水平。在比较容易完成的任务中，中等偏高的动机水平学习效率最好；在中等难度的任务中，中等水平的学习动机强度效果最好。在比较困难的任务中，学习效率反而会由于学习动机强度的增加而下降，这样的情境下中等偏低的动机水平学习效率最好；随着任务难度的不断增加，动机的最佳水平随之下降，这一规律在心理学中被称为耶基斯—多德森定律。因此，在学习活动中，为使学习最有成效，就要避免过高或过低的动机强度，只有当学习动机的强度处于最佳水平时，才能产生最好的学习效果。

（3）学习效果对学习动机具有反作用。成功的学习结果一方面是知识、技能的获得与掌握；另一方面是求知欲、自信心等心理品质的发展和提高。这些都可以大大满足人的各种社会需要，如求知、自尊、获得他人赞扬等，并促使人把通过进一步的学习以获得更高程度的满足当作一种新的、迫切的需要，产生强烈的学习动机。因此，最好的教学方法是：把重点放在学习的认知方面而不是动机方面，致力有效地教他们掌握有关知识，让他们获得成功的体验，学生尝到了学习乐趣，就有可能产生学习动机。

3. 学习动机的激发与培养

激发和培养学生学习动机的方法是多种多样的，从内部学习动机和外部学习动机两方面分析激发和培养学习动机的方法与技术。

（1）内部动机的激发与培养。

第一，激发学生的兴趣和求知欲。①注意教学内容和方法的新颖性，课堂教学更应注意教学方式的灵活多样、教学内容生动活泼以及教具的新颖具体。②创设问题情境，激发学生的求知欲，疑难问题、能引发较高智力活动的内容常常吸引着学生的注意，因此，应注意从教材内容中挖掘出能引起学生积极思索的问题，激发其求知欲。“创设问题情境”就是一条有效的途径。创设问题情境就是在讲授内容和学生的求知心理之间制造一种“不协调”，将学生引入一种与问题有关的情境中。创设问题情境时应注意问题要新颖有趣，有适当的难度及启发性，善于将要解决的课题寓于学生实际掌握的基础知识中，造成心理上的悬念。③利用原有动机的迁移。当学生没有明确的学习目的，缺乏学习动力时，教师可利用学习动机的迁移，因势利导地把学生已有的对其他活动的兴趣转移到学习活动中。在运用动机迁移原理时，教师必须让学生感受到原有活动与新的学习内容之间的密切关系，从而激发学生学习新知识的动机。

第二，增强学生的自信心和自我效能感。自我信念是动机系统的核心成分，只有当学生感到自己能够胜任某些活动，认为自己在这些方面是有能力的，才会产生对这些活动的内在动机。因此，培养对自身能力的信念是激发与维持学生内部动机的根本策略之一。①让学生获得成功的体验。对自我能力的积极信念在很大程度上是成功经验的结果，这就需要教师为学生创设更多的成功机会，让学生在学习活动中，通过成功地完成学习任务、解决困难来体验和认识自己的能力。②观察学习能力相近者的成功行为。当一个人看到与自己水平差不多的示范者取得成功，就会增强自我效能感，认为自己也能完成同样的任务。同时，学习者也可以从示范者的表现中学到有效解决问题的策略或方法。③进行归因训练。通过归因训练改变其不良的归因模式，有助于提高其自我效能感，增强学习动力。

第三，发展学生的自主性和责任心。自我决定理论认为，人的内部动机与自我抉择意向密切相关，当人做自己愿意做的，或者自己决定做的事时，往往会表现出更大的主动性和热情，具有更强的内部动机。对学生来说，这种自我决定的权利尤为重要。因为他们正处于一种追求独立、渴望自由的阶段，如果允许他们做出选择，那么即使学习本身并不“有趣”，他们也会认为学习是重要的，从而使教育目标内化成自己的目标。有经验的教师正是通过给予学生自主性，把他们引导到自己特别喜欢且值得学习的事情上。

第四，引导学生确立学习目标。关于学习目标和成绩目标研究的最重要含义是，教师应让学生明白学习的目标是掌握知识，而不是获得分数。为此，教师可以通过控制课堂教学的诸方面来鼓励学生采用这一适应性目标。除此之外，最重要的可能就是要进行合理的信息性评价。学生们如何被评价是影响其成就目标取向的最突出因素之一。关注评价的信息反馈功能而不是社会比较功能，则更多的是针对学生在学习过程中使用的学习策略、所取得的进步情况等进行形成性评价，分阶段、视具体情况为学生提供有关学习优点和缺点的有用信息。在这种评价方式下，学生关注自己对学习任务的掌握状况以及是否取得了进步、提高，并且更能从自身的不断进步中增强能力感，从而巩固学习目标定向。

第五，培养学生的成就需要。成就需要是学习动机的基础，是推动个体学习的直接动力。马斯洛的需要层次理论认为，力求成功和实现自我价值是每一个个体都具有的高级需要，但必须以爱和自尊等低级需要的满足为前提。

（2）外部动机的激发和培养。

第一，合理运用奖惩。对正确的行为进行表扬和奖励，对错误的行为进行批评和惩罚。①有效奖励。尽管表扬和奖励的效果得到了肯定，但这并不意味着教师可以滥用奖励。因为外部奖励使用不当，可能会损害学生原有的宝贵的内部动机。②合理惩罚。惩罚通过给学生带来消极体验而遏制不良行为的再次出现。尽管它不一定能保证学生出现好的行为，但毕竟能抑制不良行为，削弱产生同类行为的动机。

第二，及时给予反馈。反馈就是让学生了解自己的学习结果。这种信息不仅对学习活动本身起检验、核对、调节作用，而且让学生了解自己的学习活动的进展情况，本身就是一种巨大的推动力量，会激发学生进一步学习的愿望。学生在了解学习结果后，可以看到自己的进步，提高学习热情，增强努力程度；同时又能看到自己的不足，激发上进心，克服缺点，争取更好的成绩。如果学生在学习了很长的时间之后，仍不能知道自己的进展情况和所取得的成就水平，则不能指望学生会继续保持巨大的学习热情。

第三，适当开展竞赛。竞赛常常被看成是激发学生学习积极性的一种有效手段。因为竞赛可以极大地激发学生的好胜心和求成需要，增强学生的学习兴趣和克服困难的毅力，所以多数人在竞赛情况下学习和工作的效率会有很大的提高。而且，通过竞赛还可获得对自己能力比较实际的估计，较好地发现自己的不足和尚未显示出来的潜力，这也可以起到促进动机、提高成绩的作用。然而，竞赛也有消极作用。过多的竞赛不仅会失去激励作用，还会造成紧张气氛，加重学生负担，有损学生身心健康。有些人在竞赛情况下反而学得更差，这或是因为他们被过分刺激而超出承受力或是因为失败而丧失信心和兴趣。为了克服竞赛的负面影响，教师在组织竞赛的过程中应尽可能做到：按能力分组，使更多的学生有获胜的机会；按项目分组，使不同特长学生有施展才华的机会；鼓励学生自我竞赛，使学生通过与过去比较，从现在的进步中获取学习的动力。

### （四）学习策略辅导的实施

学习策略是指学习者为了提高学习的效果和效率，在学习活动中用来保证有效学习的规则、方法、技巧及其调控措施。换言之，所谓学习策略，是指在学习情境中，学习者对学习任务的认识、对学习方法的调用和对学习过程的调控。学习策略辅导分为认知策略辅导、元认知监控策略辅导和资源管理策略辅导。

1. 认知策略辅导

学习的认知策略指在学习过程中用以提高学习效率的任何活动，主要包括复述策略、精加工策略、组织策略。

（1）复述策略的辅导。复述策略是指在记忆过程中为了保持信息，运用内部语言在大脑中重视学习材料或刺激，以便将注意力维持在学习材料之上。①利用不随意识记和随意识记：不随意识记是指没有预定目的，不需要经过意志努力的识记。这种识记是有条件的，凡是对人有重大意义的、与人的需要和兴趣密切相关的、给人以强烈情绪反应的或形象生动的人和事，就容易不随意识记；随意识记指有目的、有意识的识记，要想记住某一信息，就需要有意识地、用心地去记它，尝试着自己复述一遍，看看自己能否复述出来。②排除相互干扰。一般来说，前后所学的信息之间存在相互干扰。先前所学的信息对后面所学信息的干扰叫作前摄抑制；后面所学的信息对前面所学信息的干扰叫作倒摄抑制，倒摄抑制可能是遗忘的一个重要原因。在安排复习时，要尽量预防这两种抑制的影响。③多种感官参与，进行识记时，要学会同时运用多种感官。④整体识记和分段识记。⑤尝试回忆，自问自答和尝试背诵就是将学习与重现交替进行，这样可以提高复习效率。⑥利用情境和心境的相似性提高复述效果，在学习过程中，教师可借助情境创设和心境诱导来帮助学生记忆学习材料。⑦掌握一些记忆术，记忆术是人们在长期学习实践中总结出来的并且是行之有效的记忆方法与技巧。

（2）精加工策略的辅导。所谓精加工，就是使人们更好地理解和记住正在学习的东西而做的以充实意义的添加、构建或者生发。简单地说，凡是将新学习的材料和头脑中已有的知识联系起来增加新信息意义，有助于人们对新知识的理解的方法就是精加工。经精加工的信息进入已有知识网络，在以后需要唤起的时候容易检索，即使直接检索出现困难，也能够通过知识网络间接地把它推导出来。因此，精加工在学习过程中发挥着重要的作用，是高效率地获得陈述性知识的基本条件之一。与复述策略相比，精加工策略是一种更高水平的更精细的信息加工策略。精加工的主要方法有类比法、比较法、质疑、扩展与引申和先行组织者。

（3）组织策略的辅导。组织，就是按照材料的特征或类别进行整理、归类或编码，其目的是建构新知识点之间的内在联系，从而将分散的、孤立的知识集合成一个整体并表示出它们之间的关系。组织的具体方式、方法或途径就是组织策略。组织策略是使信息由繁到简、由无序到有序的一种重要手段。组织了的材料储存在头脑中，犹如图书馆经过编码的书，易“招之即来”。组织策略是对信息深加工的重要形式，它不仅能有效地促进材料的识记与提取，也能有效地加强及提高对材料的理解与表达。组织是优秀学习者的常用策略，主要包括归类组织策略和概括组织策略。

2. 元认知监控策略辅导

元认知通常被广泛地定义为任何以认知过程与结果为对象的知识，或者是任何调节认知过程的认知活动，它之所以被称为元认知，是因为其核心意义是对认知的认知。元认知又叫反省认知或者反审认知，其实就是对自己的认知过程和认知结果的认知。具体地说，所谓元认知，就是个体对自身认知活动的认知，是个体对自身认知活动的自我意识、自我体验、自我调节，它包括对当前正在进行的认知过程（动态）和自我认知能力（静态）以及两者相互作用的认知。元认知能使学习者有效地反省、评价及直接认识各种活动，监督学习者的学习过程。

从元认知的构成来看，它主要包括元认知知识、元认知体验和元认知监控三个部分，具体如下：

（1）元认知知识，是指个体具有的关于认知活动的一般性知识，即是关于什么因素或变量以什么方式起作用（或相互作用）来影响人的认知活动的过程与结果的知识和信念。

（2）元认知体验，是指伴随着认知活动而产生的认知体验或情感体验。元认知体验时间有长有短，体验内容有简有繁，它可以在认知活动的每一个阶段产生，元认知体验可以是对“知”的体验，也可以是对“不知”的体验。

（3）元认知监控，是指个体在认知活动的过程中，能不断评价学习过程，获得认知活动质量的信息，找出认知偏差，并能适时地调整计划、选用恰当的方法，以保证任务的有效完成。比如你在解决问题时感到任务较难，就会付出更多的心力努力去对付它，这就是一种元认知监控。个体对正在进行的认知活动积极进行监控，并相应地对其进行调节，以迅速达到预定的目标。此外，认知活动结束之后，评价认知结果，估计完成任务的程度等也属于监控范围。

3. 资源管理策略辅导

学习活动的顺利进行并取得成就除了学生的能力之外，还离不开学习资源的支持。学习资源包括：学习时间、学习环境和社会支持等方面。

（1）时间管理，指教育者通过训练学生制订日学习时间计划表，周学习时间计划表的方式来促使学生学会管理自己时间的方法。教师可向学生讲授一些时间运用的原则、方法或案例，如 SMART（具体的、可衡量的、可达到的、相关的、基于时间的）或“重要、紧急、不重要、不紧急”四象限原则等。制订时间计划表的关键是教师要指导学生整理一天或一周的学习资源，进而确定一天、一周的学习目标，然后再根据学习目标分配各项学习资源的时间。

（2）环境管理。教育者可从两个方面指导学生管理学习环境：①指导学生选择固定场所专门用于学习的理论依据是条件反射作用原理，即如果某些行为在同一个地方发生，这个地方就成为发生这种行为的暗示或信号。熟悉的环境可以增加归属感、安全感，减少学习时的不安定的情绪和分心现象，进而使得环境因素影响减少到最低；②指导学生掌握控制干扰的方法，干扰的来源包括干扰事物（如喜爱的图片、音乐等）和人（学习伙伴、家人、教师等）。学生也应努力去改变周围人的行为，但不要用严格的规定去约束他们，而是跟他们讲道理，说明自己的需要并寻求合作。

（3）社会支持求助。培养学生正确的学业求助意识。学习是一件复杂且困难的事情，向他人求助不是自身能力缺乏的表现而是正常的表现。然后，在人力及物力上向学生提供支持，如教师每周安排固定的学习辅导时间，组建学习互助小组，组建班级学习交流群（QQ 群、微信群、微博等），提供参考书、工具书、学习网站等。发展学生寻求社会支持的能力。教师可要求学生列一张问题清单以明确自身的困难和需求，表格的内容应涉及困难是什么，需要什么帮助，谁是最合适的求助对象，如何提问才能得到确切的答案等内容。

### （五）学习习惯辅导的实施

良好的学习习惯不仅是学生高效率完成学业的保障，而且有助于个体的终身学习和发展。

学习习惯是指学生在一定情境下所形成的关于学习的自动化的行为模式。也就是学生在学习活动中所形成的一贯的稳定的学习行为模式。习惯是一种潜意识行为，是自动化了的行为模式。习惯行为不需要自己的意志努力，是一种高效率的行为。

良好的学习习惯是与学习过程的内在规律相适应的行为模式，能提高学生的学习效率，减少学生的学习疲劳。不良的习惯则正好相反。衡量学习习惯是否良好的标准是：学生学习行为的正确性、学习过程中脑力和体力的消耗以及学习的心理准备状态等。通常我们所说的学习习惯指的就是良好的学习习惯。

1. 学习习惯的分类

（1）学习活动的监控习惯。学习的监控习惯是学习活动的一般性习惯，主要包括以下方面内容。

第一，学习的计划性习惯。学习的计划性习惯是指学生自觉制订切实可行的完成读写算做等任务的学习习惯。学生进入学校之后，面临着一个重要挑战：以前零散的随机活动被有计划、有组织的学习活动所替代。于是学习活动的多样性、复杂性与学习时间的相对有限性之间构成了一对必然的矛盾，这就需要学生能对自己的学习养成良好的规划习惯。学习的计划并不能仅仅停留在大脑之中，而是要通过一种物化的形式表现出来。这种物化的学习计划性在相当大程度上可以通过作息时间的合理安排来实现。通过作息时间表发展学习习惯，高效率地进行时间管理，制订详细的可操作性的计划是一种有效的方法。

第二，学习的坚持性习惯。学习的坚持性习惯指学生能够长期按照已经制订的学习计划，坚持高质量地完成学习任务的习惯。由于教育的特性，学生的学习任务和学习目标通常要超越现有水平，所以学习也就成为一种具有挑战性的活动。现代教育注重学生的主动、探究学习。在这个学习过程中，学生会面临大量的具有挑战性的学习问题和学习情境。具有挑战性的学习活动可能获得成功，更有可能面临失败。学生只有具有勇于克服困难、挫折的坚韧意志，才有可能完成学习活动，争取学习成功。

第三，学习的独立性习惯。学习的独立性习惯指学生在按照学习计划坚持不懈完成学习任务的过程中独立思考与独立解决问题，而杜绝抄袭别人的习惯。当代教育并不仅仅要求学生获得现成的知识，更为重要的是要求学生形成应对复杂问题的能力品质和适应良好的人格特质。这就意味着当代教育需要培养学生独立思考和独立解决问题的习惯。独立思考与解决问题的习惯通常与好奇心、求知欲、创新思维联系在一起。独立思考通常包括：独立地发现和分析问题，独立提出解决问题的思路和方法；学习中善于独立思考，不迷信权威（包括教材），不期望现成的答案，遇事总要问个为什么？总能运用自己的头脑去观察去思考，创造性地去认识事物，探索解决问题的途径。

除上述习惯之外，还有许多学习活动监控习惯，例如：自己对自己负责；安排在前面的事先做；学习成功定向；不断向自己的学习成就挑战等。

（2）领域或科目学习习惯。领域或科目学习习惯主要是针对具体的学习任务和学习活动而言的，所以又可以称为具体的学习习惯，包括：①向他人学习；②向书本学习；③向自己学习。

2. 学习习惯的辅导

（1）培养学生形成学习习惯的主动性。必须让学生明白需要养成哪些学习习惯，这些学习习惯的养成有什么意义，并指出要养成这些学习习惯，必须克服哪些毛病。当学生对此做到心中有数，在平时的学习中他们才能有意识地进行训练，主动地养成自己的学习习惯。

（2）建立在学习兴趣基础上逐步培养学习习惯。学习习惯的养成不是一朝一夕就能解决的，需要长时间的训练，慢慢地形成行为系统的自动化。教育者根据学生实际情况，逐步提出要求。要区分主次、难易，从学生的实际出发，逐步提出具体的切实可行的要求，有计划地逐步扩展。要激发学习兴趣，兴趣是最好的导师，只有有兴趣，才可能有学习的自觉性。低年级学生由于缺乏自我克制力，自觉的学习习惯还没有形成，兴趣对他们就显得更重要。

（3）指导具体的学习行为。为了使学生养成良好的学习习惯，必须加以具体的行为指导。

（4）制定行为约束规范。在学校里，学生之所以能够逐渐养成一些学习习惯，原因就在于：学校里有较严格的行为规范、良好的激励机制。许多习惯的形成光靠学生内心自律的力量是不够的，还必须有严格的他律。

（5）合理强化。学习习惯的形成是一个渐进的过程，必须有一定的时间做保证。这就需要教师在课堂上加强指导，并进行及时检查和督促。经过课内若干时间的练习，学生的学习习惯初步形成了再逐渐由课内向课外发展，良好的学习习惯就会巩固下来。表扬与批评、肯定与否定，集体舆论的褒贬、奖励与处罚等，都是外部强化的手段。而意志控制、自我反省、下定决心等，是自我内部强化的手段。内部强化固然重要，但内部强化是在外部强化的影响下逐渐形成的，适当的外部强化对良好学习习惯的形成具有重要意义。

# 第三章　学校心理健康教育的重防优治策略

## 第一节　新时代学校心理健康教育的特性

随着社会的发展变化，学生群体中所表现出来的各种心理问题已经引起了整个社会的极大关注。“学校心理健康教育是素质教育的重要组成部分，对学生身心健康成长和整体素质的全面提高具有十分重要的意义。”① 全面加强学校心理健康教育、切实提升心理健康教育效能，是新时代立德树人的重要组成部分。真正做好新时代学校心理健康教育工作，必须从心理健康教育的科学性、发展性、生态性、时代性上发力。

### 一、立足科学性，提升心理健康教育专业化水平

学校心理健康教育，具体是指教育者运用与心理学相关的多种学科的理论与技术，通过心理健康知识与技能的教育和心理咨询与辅导，帮助学生解决成长过程中的心理问题，提高学生心理素质和人格水平的一类教育活动。心理健康教育是学校素质教育的重要内容，是学校德育的重要方面。

基于发展性心理健康教育理念，学校心理健康教育的任务可以分为以下内容。

第一，面向全体学生，开展预防性与发展性的心理健康教育，帮助学生在自我认识、承受挫折、适应环境以及学习、择业、交友等方面获得充分发展，以努力提高全体学生的心理素质和人格水平。

第二，对于少数有心理困扰或心理障碍的学生给予有效的心理咨询和辅导。

第三，对于极少数有严重心理疾病的学生，能够及时识别并转介到医学心理诊治部门。

学校心理健康教育的重点是基于任务一与任务二，即开展针对全体学生的心理辅导和

① 姚本先. 学校心理健康教育基本概念辨析［J］. 课程·教材·教法，2001（6）：64.

部分有需求学生的心理咨询；基于任务三，则是将有严重心理问题的学生筛查出来，有预警举措，并根据医教结合的相应规程与机制，将学生转介到精神卫生治疗机构，进行专业性的治疗。

心理健康教育是一项专业性很强的工作。就目前实际情况而言，学校心理咨询师所承担的工作至少包括了六个部分：①心理咨询（包括个别咨询、团体咨询、家庭治疗等）；②心理测评（包括性格、能力、职业倾向、心理健康等的测评）；③心理健康教育（包括专题讲座、科普宣传、课程教学等）；④心理问题预防与早期发现（包括心理普查、预防约谈等）；⑤心理危机干预（包括危机评估、危机干预等）；⑥心理机构行政（包括中心运作、日常管理、个案研讨等）。可以说，学校心理咨询师“任务多元，专业性强，责任重大”。

我国正式确认的心理咨询师职业标准始于2001年国家劳动和社会保障部制定的《心理咨询师国家职业标准（试行）》，次年推出心理咨询师国家职业资格培训鉴定工作，在一定程度上对社会面普及心理健康理念、提升心理健康工作科学性起了积极的推动作用。针对学生心理问题的特殊性和学校心理健康教育的专业性，上海市教育委员会发文启动了上海市学校心理咨询师（初级和中级）培训，并成立了培训领导小组、专家委员会。学校心理咨询专业技术水平认证采用考试评估或认定方式，合格者获得由上海市人事局统一印制、上海市职业能力考试院颁发的《上海市专业技术水平认证证书》，至今已有近5000人获得中级证书、超过3000人获得初级证书。这项工作为规范和提升上海市学校心理健康教育专业化水平起了重要作用。

心理辅导与咨询的理论众多，具体的方法与技术更是数不胜数，随着科学技术的发展和社会对心理健康的关注，新的仪器设备也不断涌现。基于何种理论、采用什么方法、是否需要借助于仪器设备、本人是否能胜任提供专业与科学的咨询服务，都是对专业人员如何做好专业事的一种智慧考量。更重要的是，学校与相关管理部门要从更高的站位和更宽的视野出发，把握心理健康教育的专业性和科学性。

## 二、立足发展性，关注学生心理年龄特征

学校心理健康教育的服务主体是学生，这就要求我们在思考相关问题、制定相关政策、寻求相关路径时，须时时刻刻关注学生的心理发展特征。把握好个体发展的心理年龄特征，有助于我们区别学生的行为是心理年龄特征的表现，还是确实出现了心理与行为问题。

个体的心理年龄特征是指在发展的各个不同年龄阶段中所形成的一般的、本质的、典型的心理特征。一切身心发展都与个体的年龄有关，故而我们强调的是“心理年龄特征”而不是“心理特征”。如幼儿通常“活泼好动”，成年人往往“成熟稳重”。一般情况下，发展的心理年龄特征具有相对稳定性；但随着社会生活和教育条件等环境的改变，也有一定程度的可变性。例如，随着物质生活条件的改善和社会刺激的日渐丰富，学生生理发育普遍提前，与此相应的心理年龄特征也提早出现，就出现了典型的“成熟期前倾”现象。

学校心理健康教育中最应该关注的心理年龄特征，根据涉及面大小，主要有以下方面。

### （一）学生的多动行为

活泼好动是学生的天性，这主要基于以下方面的原因。

第一，兴奋性神经元与抑制性神经元发展不平衡。兴奋性神经元发展更快、更早，个体要到 10 岁左右（即学生 4 年级），抑制性神经元的发展才达到与兴奋性神经元的基本平衡与协调。

第二，环境的变化。社会节奏加快，学生玩具众多，都会不知不觉导致学生注意分散、行为多动。因此，对大多数刚从幼儿园跨入小学的学生来说，易动、好动是普遍的行为特点，容易被家长和教师判断为多动症，也就是注意缺陷多动障碍。因此，区别一般性的多动行为与注意缺陷多动障碍就极为重要。注意缺陷多动障碍患者的共同表现是：注意缺陷、多动及冲动三大核心症状。

可见，把握好学生活泼好动的心理年龄特点，不轻易给孩子贴“多动症”标签，为孩子提供充裕的时间和空间参与活动，是促进学生心理健康成长的重要保障。如学生的课间 10 分钟一定要有适当的活动；每天运动 1 小时，不仅是学生强身健体的需要，某种程度上也是降低学生 ADHD 发生率的必要之举。

### （二）青春期的心理发展

青春期通常被称为“风暴期”，是除了刚出生以外身心发展变化最为快速的时期，也是心理问题最容易发生的时期。青春期是一个比其他时期容易产生各种各样问题的时期。青春期风暴的典型表现可以概括为以下方面。

#### 1. 与父母冲突

青春发育期开始后，身体方面逐步出现第二性征，心理方面则表现出抽象思维能力逐步形成，独立感增强，伴随着闭锁性突出。这意味着，学生渴望摆脱父母羽翼的呵护，甚至从过去与父母无话不说渐渐变为金口难开。而在大多数父母眼里，孩子一方面是“长不大的孩子”，另一方面又常常将孩子与“别人家的孩子”进行比较，特别是“当青春期孩子遇到更年期父母”时，亲子冲突就会加剧。

2. 情绪激荡

情绪激荡则是青春期的又一显著特征。学生们认为他们的情绪高峰体验远比他们父母所说要高（包括积极和消极的）。换言之，父母和老师见怪不怪的事学生会身陷其中，受困于相应的情绪。随着青春期的到来，学生的烦恼增加，幸福感锐减。

经合组织以心理学界成熟的“大五人格模型”为基础，将社会情感技能划分为六大评估维度：工作表现、情绪调节、与他人交往、协作、开放性思维以及复合技能。全球范围开展的“社会情感能力调查”，采集了中国苏州、韩国大邱、美国休斯敦、芬兰赫尔辛基、俄罗斯莫斯科、加拿大渥太华等10个城市的10岁、15岁年龄段学生的社会情感能力数据及相关背景信息，旨在认识和了解处于青春期的学生从10—15岁期间社会情感能力发展的特征、社会情感能力与学生学业成绩和心理健康的关系，证实了已有研究对学生情感波动大的论断，并明确了特定能力的变化。

3. 冒险行为

受激素变化与大脑发育的影响，学生是喜欢刺激、寻求挑战与冒险的群体。大脑中主要存在两个系统指导和支持着人们进行日常活动，一个是认知控制系统，主要包括外侧前额叶皮质和顶叶皮质等区域；另一个是社会情绪系统，位于大脑边缘和旁边缘区域。正是由于大脑中两个系统在发育成熟时间上的差异，导致学生认知发展快，情绪情感、社会性发展相对滞后，出现一系列由情绪引起的冲动、冒险行为，不能像成年人那样很好地控制自己的某些冲动行为。

可见，青春期是身心急剧变化时期，不可避免会出现较多的情绪问题和冒险行为，甚至会出现对现有规则的挑战。同时，学生又面临较为沉重的考试、升学压力，这就要求我们以发展的视角，一方面重视伴随学生成长的发展特征；另一方面须善于通过观察、信息分析和评估识别学生的情绪与行为问题，并科学处置心理困惑乃至心理危机问题。重视学校心理健康教育，提醒我们必须遵循学生身心发展规律，既不夸大也不忽视，科学对待发展过程中的心理年龄特征，并尽早发现可能的心理问题，做出科学的应对。

## 三、立足生态性，加强各生态环境共建共育

个体的成长与发展是一个渐成过程。个体处于一个复杂的环境系统，环境塑造着个

体，个体也主动地影响甚至塑造着环境。个体力求达到并保持与环境的动态平衡以适应环境，这时，心理状态是正常或健康的，反之则会出现各种心理困扰乃至心理疾病。

因此，关注学生的成长发展，更应关注其成长发展的生态环境系统。发展的生物生态模型对情境影响学生发展做了最细致、最彻底的解释。四种环境系统由小到大分别是：微系统、中系统、外系统以及宏系统。从微系统到宏系统，对学生的影响也从直接到间接。下面只重点就影响学生心理发展最直接的微系统中的家庭生态环境和学校生态环境进行列举与分析，以说明心理健康教育不能眼里只有学生，看不到学生成长的相关环境。

早期经验是个体心理健康成长的关键因素。从孩提开始，最基本、最直接的早期经验是从家庭环境和亲子关系中获取的。家庭的物理环境、亲子沟通与交往方式、早期依恋的性质、父母对孩子的期望等，都构成个体成长的直接或间接影响因素，其影响甚至会延续终身。

目前我国家庭教育具有一些与社会经济、文化相联系的特点，主要表现在：隔代教养、父教缺失、亲子交流时间少、“乖”孩子情结、攀比心理、性教育缺乏、家长缺乏学习与反思意识等方面。家庭是学生成长的重要环境，家庭生态与家庭教育的营造效果在很大程度上决定了孩子身心健康的程度，乃至未来发展的广度。《中华人民共和国家庭教育促进法》，明确规定家庭教育应当符合相关要求：①尊重未成年人身心发展规律和个体差异；②尊重未成年人人格尊严，保护未成年人隐私权和个人信息，保障未成年人合法权益；③遵循家庭教育特点，贯彻科学的家庭教育理念和方法；④家庭教育、学校教育、社会教育紧密结合、协调一致；⑤结合实际情况采取灵活多样的措施。认真贯彻落实该促进法，父母做好“言传身教”，对提升良好的家庭生态、降低学生心理问题发生率意义重大。

在学校，学生心理发展的影响因素如下。

### （一）学业成绩

受传统文化的影响，我国社会更注重学生的学业成绩，更关注社会比较，因而我国学生学业与心理健康的关联性比西方国家更强，更容易因为学习好而保护心理健康，也更容易因为学业不良而造成学业和心理健康的双重下降。

### （二）同伴关系

同辈群体是一把“双刃剑”。一方面，同辈群体有“近朱者赤”效应，在教学质量越高的学校就读或同班同学的学业表现越好，本人的学习成绩越好；另一方面，同辈群体还有“比较压力”效应，同辈的能力越强，本人感知的压力越大，心理健康状况越差。受各种因素影响，学生群体中欺凌现象也层出不穷。

### （三）学校与班级氛围

学校应围绕“立德树人”目标落实五育并举。传统上，学校广为重视德育与智育，相对而言体美劳则通常重视不足。从育人目标的达成看，体美劳的作用都不可或缺。借助于体育，学生的体育素养水平与体质得以提升，也使身心健康水平得以提高。借助于美育，学生的艺术素养得以提升，他们可以更好地感受美、发现美、践行美。劳动教育则兼具树德、增智、强体、育美的综合育人功能，对学生适应生活、磨砺意志品质的作用不可低估。学校可结合传统特色，充分挖掘和利用好校内活动空间、场地，通过课程设置、学生社团等途径，培养学生在某个体育或艺术领域的兴趣爱好甚至特长；更进一步，学校还可以提出具有校本特色、适应学生的促进心理健康运动方案、艺术治疗方案等，以更好地促进学生身心全面发展。

学生成长于各种生态环境系统中，其心理行为所表现出的适应性（或弹性）是由个体与生态环境间的互动过程所决定的。因此，生活的转变、人生不同阶段的过渡时期，往往是系统最不稳定的时期，也最容易诱发出潜在的心理危机。心理健康意味着与当前处于发展演变中的社会环境相适应的、积极的、正常的心理状态，是个体的心理状态与演变中的社会环境之间的相互协调。在心理健康教育过程中，只有既着眼于学生个体，又放眼于学生成长的各种生态环境因素，家庭、学校、社会、医疗等多方携手合作，致力各种生态环境因素的共建共育，并将促进个体心理成长与改变（或协调）外界环境有机结合，二者相互调适，才能收获更好的成效。

## 四、立足时代性，回应并解决新需求与新问题

心理健康教育的时代性，涉及以下方面。

### （一）心理问题具有时代特征

个体的成长与发展，必然会深深地打上时代的烙印。今天的社会已然发生了翻天覆地的变化：节奏加快、信息繁多、竞争加剧，这些都是心理问题的诱因。特别是互联网的快速普及与应用，以其丰富性、虚拟性、互动性等特点，加剧了人们的信息依赖、信息焦虑，甚至导致网络综合征和游戏障碍。

在认知方面，信息革命不仅给我们带来了生活上的便利，也正在改变着我们大脑的认知加工方式。由于技术的不断发展（如搜索引擎），我们越来越容易接触到各种资讯，每个人都能轻而易举地找到资讯及各种问题的答案（搜索成本低廉、反应时间迅速），人们已逐渐把互联网看作是自己记忆的一部分，倾向于到网络上找这些信息而非直接记忆相关信息，这就是著名的Google效应。心理健康教育需要回应学生认知特征的变化。

### （二）心理健康教育的方式方法需与时俱进

现如今，有许多学生会坦然走进学校心理咨询室，主动寻求与咨询师的沟通。当然，随着时代的发展，网络、通信技术日益发达，人们的交流与沟通方式也发生了明显变化。因此，除了高质量建设好学校心理咨询中心外，还需要灵活运用电话与网络这样的咨询渠道与方式，结合大数据运用，为学生提供更便捷、更能满足其需求的咨询服务；加强资源整合，构建市、区、校心理服务支持系统；开发具有校本特色的心理健康教育课程体系等。

此外，心理健康教育还要回应心理学理论与方法的时代变化。一般认为，心理学的三大使命包括：①治疗人的精神或心理疾病；②帮助普通人生活得更充实幸福；③发现与培养人的潜能。总体而言，三大使命中的第一条最受人关注，也是目前为止心理学影响力最大的领域。基于此，以关注心理问题及其矫治的消极心理学模式在整个20世纪占据了心理学发展的主导地位。

互联网、人工智能等新技术的发展正在不断重塑教育形态，知识获取方式和传授方式、教和学关系正在发生深刻变革。在后疫情时代和“双减”背景下，全力加强学生心理发展的状况以及心理危机发生的原因、机理和干预策略等方面的理论与实践研究，把握好学校心理健康教育的科学性、发展性、生态性、时代性，引导学生正确认识义和利、群和己、成和败、得和失，培育学生自尊自信、理性平和、积极向上的健康心态，并在以下方面着力开展工作。

第一，深入研究与把握不同年龄、不同性别学生的身心发展特点，加强学校心理健康教育的整体、系统设计，提升学校心理健康教育课程的时效性和针对性。

第二，教师要善于激发学生的内在学习动机，帮助他们形成正确的成败归因方式，提升自我效能感，避免习得性无助感。

第三，提高学校心理健康服务的便利性，加强心理咨询室和学生成长指导中心建设，加大专业人员和相关仪器设备的配备。

第四，借助于大数据分析、信息技术运用等，加强监测网络，分析研判学生心理问题的影响因素，加强预判与预警，开展有针对性的指导、辅导、咨询等，增强学生调控情绪、承受挫折、适应环境的能力。

第五，加强有关积极心理品质的研究，通过开设课程、社团等途径，融入德智体美劳过程中，培养与提升学生积极心理品质，培育学生自尊自信、理性平和、积极向上的心态，促进高质量学业成就的实现和未来高质量生活的获得。

第六，加强协同与合作，完善医教结合等工作机制，避免极端心理与行为问题发生，保证学生有严重问题时的及时转介以及经治疗基本康复后的及时回归。

## 第二节　学校心理健康教育的防治视角转换

我国学校心理健康教育起步于20世纪80年代中期，发展至今已有三十多年，呈现出起步晚、发展快、研究与实践逐步深化、建设逐渐规范化、模式渐趋符合社会需求等特征。学校心理健康教育的视角指的是学校心理健康教育在理论研究和具体实践中所选择的观察角度，是站在什么样的立场、以什么样的眼光来看待心理健康教育问题。“视角转向”表达的则是，随着学校心理健康教育的演进和发展，其视角也呈现出了明显的动态变化，体现出学校心理健康教育的主流发展趋势和重心的转移。

### 一、学校心理健康教育的视角变化

学校心理健康教育的历史发展经历了从矫治转向发展的过程，前期以问题导向下的医学模式为代表，后期以发展导向下的教育模式为代表，将学校心理健康教育的视角从心理学领域带到了教育学领域、从问题视角转向了发展视角。

#### （一）问题导向下的医学模式

1. 医学模式的基本特征

学校心理健康教育的医学模式以问题为导向，以少数身患心理疾病、心理障碍、心理问题的学生为服务对象，以心理学的方法、工具和技术为工作方式，以矫治患者的心理疾病或心理问题为主要目标，以应急式的救助为主要功能，旨在帮助心理异常的患者恢复至正常水平。

医学模式下的学校心理健康教育具有以下特征。

（1）问题矫正，这也是医学模式的心理健康教育最显著的特征，以问题为导向，以矫正问题为主要目标。

（2）对象小众。由于学校心理健康教育的对象只是患有心理疾病、心理障碍、心理问题的少数学生，因此，学校心理健康教育的对象必然是小众的。

（3）主体局限。由于学校心理健康教育工作者像医生一样，需要运用专业的心理学知识和技巧对患者开展心理治疗，因此对主体的专业化程度提出了较高的要求，而非专业人员便被排除在心理健康教育之外。

（4）方法单一。由于学校心理健康教育主要运用心理学的方法和技术开展心理治疗，因此，其工作内容和方法也是较为单一的。

#### 2. 医学模式的评价反思

心理健康教育以问题导向下的医学模式起步，其贡献在于关注到了学生的心理问题，也开始重视学生的心理健康发展，在开展治疗和教育的同时也在提醒社会要加强对心理健康的重视与关注。但学校心理健康教育的医学模式也存在很多局限与不足，具体如下。

（1）最大的问题在于聚焦心理问题，而忽视了心理健康教育中的“人”，不仅忽视了心理疾病患者作为“人”的感受和需要，也忽视了心理疾病患者以外的大多数人的心理需求。

（2）窄化了学校心理健康教育的内涵，导致心理健康教育内容贫乏、教育途径单向、教育形式单调和心理健康教育资源局限。

（3）将教育者与教育对象关系对立，心理治疗的双方建立的是医患关系，而非师生关系，学校心理健康教育工作者将学生放在心理问题的焦点上，容易导致消极的暗示，从而产生心理上的排斥和自我防御，削弱了心理健康教育的作用。

### （二）发展导向下的教育模式

#### 1. 教育模式的发展背景

教育模式源于心理健康教育从心理学视域逐渐进入教育学视域的过程。从国际上来说，学校心理健康教育率先在美国和以英法德为代表的欧洲国家发展起来。心理辅导逐渐成为一门学术性的学科，心理测验和辅导技巧也日益受到重视，更多地运用到学校心理健康教育的实践中。

学校心理辅导从关注人的职业适应问题转向关注人的全面发展问题，内容由职业领域扩展至学习与生活领域，辅导对象也从最初偏重于问题学生转向关注全体学生。辅导重点从矫治性层面逐渐转向预防性和发展性层面。从我国来说，教育模式的萌芽与发展则主要得益于以下方面。

（1）理论发展。21 世纪，随着积极心理学的兴起、发展和引入，心理健康教育的积极取向盛极一时，成为学界广泛讨论的焦点和倡导推广的主流。20 世纪，大多数应用心理学家非常关注人类的心理疾病和心理问题，围绕着“人类有什么疾病”“如何治疗疾病”等问题展开了对人类的大量探索。进入 21 世纪，“人类的优势”成为积极心理学蓬勃发展的根基，积极心理学认为相较于治疗心理疾病这一过度发展的心理学使命，让所有人的生活更有意义和培养天才是心理学遗忘的另外两个基本使命，心理学不仅要研究问题、弱点和损伤，还应研究优势与美德，由此凸显了心理学发挥预防和发展作用的积极一面。

随着积极心理学对心理健康教育的逐渐渗透，学校心理健康教育开始反思原先以问题为导向的医学模式，重视发挥学校心理健康教育的预防和发展作用，致力培养学生的心理素养和积极心理品质，发掘学生的优势与潜力，帮助学生追求有意义的幸福人生。

（2）政策支持。心理健康教育正式进入教育视野并成为一种教育模式被看待，在很大程度上得益于我国政策文件对学校心理健康教育的承认和确立，并逐步加强重视、规范建设。我国学校心理健康教育的政策演变主要经历了四个阶段，分别为起步阶段、探索阶段、发展阶段和推进阶段，其间出台了多项相关政策，展现了教育模式的发展过程。

第一，起步阶段，学校心理健康教育仍处于德育工作范畴之下，教育行政部门开始关注学生心理健康，认为提升学生的心理素质是推进学生素质教育、全面发展的重要内容，学校心理健康教育的教育模式有所萌芽。

第二，在探索阶段，国家和地方教育行政部门开始出台专门的学校心理健康教育政策，确立了心理健康教育官方独立的学科地位，并把学校心理健康教育作为一项教育工作开展提出要求，学校心理健康教育的教育模式初具雏形，呈现出一般学科的基本要素。

第三，在发展阶段，学校心理健康教育的重视度上升，有针对性的教育政策陆续出台，对心理健康教育的相关规定与要求越加详细和深入。学校心理健康教育工作不仅有了明确的原则要求，而且在课程建设、辅导室建设、师资队伍建设等方面都有了详细的务实举措。学校心理健康教育的教育模式发展得较为成熟，在硬件建设和软件建设方面皆取得了长足的进步。

第四，在推进阶段，学校心理健康教育被纳入健康中国行动体系，成为社会心理服务体系建设的一部分，并提出了确切的行动目标和任务。学校心理健康教育的教育模式得到了进一步的丰富和拓展，在统筹学校内部的教育资源的基础上整合学校外部的教育资源，共同呵护学生心理健康发展。

学校心理健康教育的教育模式从萌芽，到官方独立，到规范建设，再到系统整合，经历了较为漫长的发展过程。在这一发展过程中，学界流传着“心育”“心理教育”“心理健康教育”“心理素质教育”等不同的提法，但中国政府文件和法规明确规定了将“心理健康教育”作为固定统一的称谓，此后，“心理健康教育”也成为学界最为常见的称谓。称谓的统一和规范反映出了学校心理健康教育的教育学取向获得了官方承认，并逐渐发展成为社会主流。

2. 教育模式的基本特征

发展导向下的教育模式以学校中的全体学生或大多数学生为心理健康教育对象，结合心理学和教育学的理论知识与方法技巧，采取多元的教育方式，以预防心理问题、激发心理潜能、提升心理机能、发展心理素养为主要目标，把心理健康教育与教育的各个环节相结合，在学校教育体系中化解学生心理发展过程中出现的问题。学校心理健康教育的内容也不再以矫治的问题为核心，而是关心学生心理成长过程中自我探索、人际交往、环境适应、情绪管理、学习考试、生涯规划等多个方面，关注学生的全面发展。

教育模式下的学校心理健康教育具有以下特征。

（1）重预防、重发展。主要发挥学校心理健康教育的预防和发展作用，预防学生出现心理问题，发展学生的心理素养和积极心理品质，当然发展本身也能起到预防作用，从根本上改善学生的心理健康状况。

（2）对象大众。教育倡导有教无类，学校心理健康教育的教育模式是面向全体学生的，甚至包括教师和家长，确保每一名学生都能获得心理健康教育资源，从整体上保证了学生心理健康的提升和学校心理健康教育成效的显现。

（3）内容丰富。教育模式不聚焦于问题，而是将学生的心理发展与育人过程相融合，教育的各个方面、各个环节都与学生的心理发展息息相关，因此在教育主题的选择上也涉及自我探索、人际交往、情绪调适、环境适应、学习考试、升学择业等多个领域。

（4）手段多元。在原先一对一治疗、一对一咨询、一对一辅导的基础上增加了心理课程、心理活动、团体辅导、心理讲座、心理广播等多种教育方式和手段，开创了学校心理健康教育生动活泼、开放包容的发展局面。

3. 教育模式的评价反思

发展导向下的教育模式可谓是对以往学校心理健康教育医学模式的重大颠覆和突破，

将心理健康教育纳入学校教育体系，将促进学生的心理健康发展作为育人工作的重要内容。教育模式极大地丰富了学校心理健康教育的内涵和外延，扩大了心理健康教育对象的范围，改善了心理健康教育的方法和手段，而且以育人为目标定位，充分调动学校教育体系中一切有利于学生心理健康发展的教育要素为学生的心灵成长保驾护航。

教育模式是当前学校心理健康教育的主流模式，受到学界的广泛认可与讨论，也在不断地调适和改进中。学校心理健康教育模式应当加强普及化、实用化、多样化和本土化，结合中国国情和教育现状探索建构富有特色的本土化心理健康教育模式。由此可见，下个阶段学校心理健康教育的发展诉求在于充分发挥学校心理健康教育的预防和发展作用，推进心理健康教育的普及化和多样化，结合中国教育特点和学生发展特点建构具有中国特色的本土化心理健康教育模式，保持心理健康教育发展的生命力。

## 二、学校心理健康教育的预防思想

心理健康教育具有矫正、预防和发展三大功能，人们通常理解的“预防”是狭义的“预防”，指对具有潜在心理风险的人群开展预防性心理健康教育，防止其转化为心理问题或心理危机。但“预防”是广义的“预防”，指的是一种预防思想或理念，可以贯穿学校心理健康教育全过程。学校心理健康教育以预防为取向是兼顾矫治、突出发展的最佳选择，其广义预防思想至少可以体现为以下理念。

### （一）预防与矫治具有本质不同

预防与矫治是具有本质不同的，主要体现在以下方面。

1. 教育对象

矫治面向少数具有心理问题的学生，只有少数学生才能享受到心理健康教育资源；而预防是面向全体学生的，确保每一名学生都能享受到心理健康教育资源，不仅重视培养健康学生的心理素养和积极心理品质，而且加强对具有潜在心理风险学生的关注，通过事先预防与干预及时缓解学生的潜在心理风险，防止潜在的“苗头”转化为正式的心理问题或心理危机，同时还要兼顾少数患有心理障碍或出现心理问题的学生，防止其症状与问题的进一步恶化。其中，预防的重点在于针对尚未出现心理问题的学生开展发展性教育，防患于未然，提高学生的心理免疫力。

2. 教育主体

矫治对于开展主体具有更高的专业性要求，这也注定了开展矫治性教育的主体力量是少数的、薄弱的，将非专业的人员排除在学校心理健康教育的队伍之外。学校心理老师可能不具备医师或心理咨询师的专业化程度，但相对来说已经是学校心理健康教育队伍中较为专业的力量了，因此矫治工作主要由心理老师负责。

不同的是，学校心理健康教育的预防将学校全体师生纳入心理健康教育主体，充分发挥全体教职工的力量，整合家庭和社会的力量，共同为学生心理健康发展保驾护航，从源头上降低学生心理问题的发生率。

3. 教育内容

矫治是聚焦学生心理问题开展的个性化教育，教育内容具有较强的针对性，通常能够满足学生的紧迫需要，但对于其他方面的教育内容则涉及较少；预防是针对全体学生开展的全面性教育，教育内容涉及学生日常学习和生活的各个方面，包括认识自我、人际交往、情绪调适、学业考试、升学择业以及生活和社会适应等。

4. 教育手段

矫治主要运用心理学的方法技巧，涉及精神分析、行为主义、人本主义等不同的理论流派和治疗的具体技术，通常在学校心理咨询室或心理辅导室开展教育；预防主要运用教育学的方法技巧，通过课程、活动、讲座等形式对学生开展教育，将心理健康教育渗透融入学校教育各个环节，针对全体学生的心理发展开展全面教育，施加全方位的积极影响。

教育对象的不同、教育主体的不同、教育内容的不同和教育手段的不同充分体现出学校心理健康教育的预防和矫治存在着本质上的不同，“重防优治”强调的不是说放弃矫治，而是在兼顾、优化矫治的基础上着重发挥学校心理健康教育的预防和发展作用。

### （二）预防贯穿学校心理健康教育全过程

预防是针对具有潜在心理风险的学生开展预防性教育，防止其潜在心理风险转化为正式的心理问题或心理危机。这类学生既不属于已经出现心理问题的心理不健康学生，也不属于完全没有任何风险的心理健康学生，而处于心理不健康与心理健康的中间地带，即心理亚健康状态。但事实上，预防的概念内涵要更加丰富。

共卫生预防模型就将预防分为面向普通人群的初级预防、面向患病高危人群的次级预防和面向患病人群的第三级预防。国内学者基于此构筑了学生心理健康教育的三级保健网络，即初级保健通过培养学生积极心理与行为，防患于未然，减少健康学生心理障碍的发生；次级保健对学生尚未演变成心理障碍的心理偏差进行早识别、早诊断和早防治；三级保健则针对学生已经发生的心理障碍进行治疗和改善，将学校无力解决的重性心理障碍及时转介至专门治疗机构进行矫治。

根据中国传统中医思想中的“治未病”理念，“治未病”包括养生防病、将病防发、有病早治、既病防变、病盛防危、病后防复等六个方面，其中，养生防病属于发展层面的预防，将病防发属于狭义层面的预防，有病早治、既病防变、病盛防危、病后防复属于矫治层面的预防。可见，广义的预防思想具有丰富的内涵，贯穿学校心理健康教育全程。

以预防为取向是学校心理健康教育兼顾矫治、突出发展的最优选择，包括既病防变、将病防发和未病先防三大维度，分别指向发挥学校心理健康教育的矫治、狭义预防和发展作用。

### （三）发展是最好的预防

预防贯穿学校心理健康教育全程，但发展是最好的预防，心理健康促进是防止学生心理问题发生最有效的预防方法。发展是身心机能、素质、特性由量到质的变化过程，是由低级到高级的上升运动。如果说学校心理健康教育的矫治是致力帮助心理健康低于正常水平的学生恢复至正常水平，那么学校心理健康教育的发展则是致力帮助心理健康水平正常的学生进一步向更健康的状态发展，提高学生保持心理健康的能力。充分发挥学校心理健康教育的发展性作用有利于提升学生的心理免疫力，从源头上管控学生心理问题的发生，促进学生心理健康的长远发展。

发展理念的内涵可以从以下方面获得启示。

#### 1. 积极心理学

“积极心理学的兴起，为学校心理健康教育带来新的视角与可能性。”① 积极心理学以积极和发展为取向，强调心理学不仅要研究疾病、问题和弱点，帮助那些处于逆境和困局中的人们求得生存与发展，还应研究优势与美德，帮助那些处于正常环境条件下的普通人学会如何经营高质量的生活，最终促进个人、群体乃至整个社会发展完善和自我实现。积极心理学对学校心理健康教育的渗透推动心理健康教育反思原先以问题为中心的取向，更加关注人自身的积极因素和潜能的开发，从正面发展和培养学生的积极心理品质。

积极心理学带给心理健康教育的启示如下。

（1）引导学生发现自身的优势与潜能，建立自尊和自信，全面发展学生的心理素质，培养学生战胜挫折的心理弹性。

① 冯墨女. 积极心理学视域下中小学心理健康教育模式探索［J］. 长春师范大学学报，2021，40（4）：144.

（2）引导教师发现自己的优势与美德，克服教师在长期教育实践中的职业倦怠感，提高教师的心理健康水平，从而发扬教师的优势和美德去体验生活、积极工作、关爱学生。

（3）营造乐观向上的学校氛围，创设相互尊重、相互欣赏、相互学习、相互关怀的环境，引导全校师生都习惯于发现优点和美德。积极心理学的思想为学校心理健康教育如何发挥发展性作用提供了宝贵的理论来源。

2. 生态学

生态学的观点为学校心理健康教育发挥发展性作用提供了更加全面的视角。生态学的观点认为个体的心理问题是心理生态系统失去平衡的反映，个体与周围的系统存在着不同程度的互动作用，家庭、学校、社区、社会皆是影响学生心理健康的重要因素。生态学视野带给学校心理健康教育的最大启示在于运用系统整合的眼光来看待学生的心理发展，关注学生周围的生态系统及其对心理健康的影响，充分认识到各级生态系统在学生心理发展中的独特作用，重视学校心理健康教育中的家校社合作，发挥协同育人作用。生态学的观点扩大了学校心理健康教育的分析视角和工作范围，充分发挥学校心理健康教育的发展性作用需要更多的力量参与进来，共同呵护学生的心灵成长。

发展性教育是学校心理健康教育的重要组成部分，也是决定学校心理健康教育预防成效的关键。所以对学校心理健康教育预防的探讨将充分重视发展的理念，最终建立的机制也会更多指向发展层面的“未病先防”，在兼顾矫治的基础上充分发挥学校心理健康教育的预防和发展作用。

## 三、学校心理健康教育预防的原则

### （一）面向全体，兼顾个体

学校心理健康教育在教育对象层面应当遵循“面向全体，兼顾个体”的原则，确保每一名学生都能获得心理健康教育，兼顾少数学生的特殊需求。因此，学生都应当获得心理健康教育，促进其心理健康发展，及时排忧解难，避免埋下心理隐患。

学校心理健康教育的“面向全体，兼顾个体”，就是要推进心理健康教育的普及化，面向全体学生，培养学生积极的心理品质，提高学生心理机能，开发学生心理潜能。贯彻这一原则应当注意以下方面。

第一，着眼于全体学生，将大多数学生的共性需求和普遍存在的问题纳入教育内容。

第二，注意为每位学生提供公平获取心理健康资源的机会，除了出现心理问题的学生和表现活跃的积极分子以外，更要关注性格内向、易受忽视的学生。

第三，关注学生的特殊需要并给予个性化的实际帮助，从学生自身的个性特点和行为风格出发，提供及时、具体的帮助。

### （二）多元主体，全员育人

学校心理健康教育在教育主体层面应当遵循“多元主体，全员育人”的原则，动员学校内部的全体教职工和学校外部的家庭与社会力量，共同关注学生的心理健康发展。学生的父母、教师和同伴等既是学生心理成长的重要影响因素，也是学生遇到心理困惑与问题时的社会支持力量，促进学校心理健康教育的多元主体参与，将有助于扩大学校心理健康教育的影响力，实现全员育心、全员育人。

学校心理健康教育的“多元主体，全员育人”，就是要加强校内外心理健康教育力量的互动合作，让每一个人都参与到学校心理健康教育的行动中来。贯彻这一原则应当注意以下方面。

第一，发挥学校内部全体教师对学生心理发展的教育作用，把握每一个教育情境关注学生的心理健康成长，建立积极和谐、友好融洽的师生关系。

第二，促进心理健康教育的家校社合作，吸纳家庭、社区和社会的资源支持学校心理健康教育的开展，共同呵护学生的心理健康。

第三，充分发挥学生的主动性和积极性，推动学校心理健康教育实现他助—互助—自助的良性运作，教师他助是手段，学生互助和自助是最终目的。

### （三）贴近生活，全面渗透

学校心理健康教育在教育内容层面应当遵循“贴近生活，全面渗透”的原则，促进学校心理健康教育弥散在学生成长的整个过程中。学生的心理发展是贯穿其日常学习与生活过程的，心理健康教育的内容应当覆盖学生生活的各个方面，包括自我探索、人际交往、情绪管理、学习考试、生涯发展等；同时，每个时代的学生有其自身的个性特点，其心理发展的影响因素来源于其当下的时代与生活，因此，心理健康教育的内容也要与时俱进，贴近学生生活，密切联系学生生活中的具体问题。

学校心理健康教育的“贴近生活，全面渗透”就是要促进心理健康教育内容融入学生的真实学习与生活情境，与其他教育协同育人，共同促进学生的心理发展。贯彻这一原则需要注意以下方面。

第一，关注学生的心理作为一个有机整体，兼顾学生知、情、意、行的协调发展以及心理过程、心理状态和个性心理特征交互影响。

第二，促进学生的德、智、体、美、劳全面发展，心理健康教育在教育整体中处于基础和核心位置，是素质教育的重要方面，贯穿、渗透德、智、体、美、劳五育。学校心理健康教育要以五育为载体，以学生的心理发展为全面发展奠定基础，以学生其他方面的发展反促心理发展。

### (四) 发展为主，矫治为辅

学校心理健康教育在手段层面应当遵循“发展为主，矫治为辅”的原则，发挥矫治性心理健康教育的底线作用，发挥发展性心理健康教育的重要作用，在兼顾矫治的基础上着重促进发展。学校心理健康教育的预防贯穿矫治和发展，发展是最好的预防，因此，学校心理健康教育应当综合运用各种手段和形式着重培养学生的积极心理品质，增强学生的心理免疫力。

学校心理健康教育的“发展为主，矫治为辅”就是要以心理课程、心理活动、心理讲座等教育学手段为主，以心理咨询或心理辅导等心理学手段为辅，实现教育学手段和心理学手段的优势互补、分工负责。贯彻执行这一原则需要注意以下方面。

第一，以发展的眼光看待学生的心理发展，学生的心理发展本是一个动态过程，部分心理问题与困惑可能只是暂时的，可能会受教育的影响而自然缓解。

第二，教育形式的设计要立足于学生心理机能提升和心理品质培养的一般要求，而不只是局限于学生的心理问题或心理危机。

第三，综合运用形式多样、生动活泼的教育手段，包括课程、活动、讲座、广播、环境以及信息技术手段，调动学校教育中的一切要素对学生心理发展施加积极影响。

## 第三节　学校心理健康教育的预防机制探寻

机制的本义是机器的构造和工作原理或机体的构造、功能和相互关系，引申为一个工作系统的组织或部分之间相互作用的过程与方式。从自然界到社会经济活动的市场运作，自然的或人为的机制无处不在。

在学校教育中，机制是学校教育系统中各个要素之间的结构关系和运行方式，即系统的构成要素以及如何相互作用。在学校心理健康教育系统中，心理健康教育相关的主体、对象、载体、工具、资源等皆为要素，探寻指向预防的学校心理健康教育机制就是研究如何促进这些要素积极作用、良性互动为预防学生心理问题发生、促进学生心理健康发展服务。

学校心理健康教育的预防包括“既病防变”“将病防发”和“未病先防”，但发展是最好的预防，促进当前学校心理健康教育从“重治轻防”转向“重防优治”，要高度重视发展性教育，调动学校心理健康教育中的各要素为预防和发展服务。

## 一、队伍培育机制

学校心理健康教育要从关注少数学生的“矫治”走向关注全体学生的“发展”，在“既病防变”的基础上更加重视“将病防发”和“未病先防”，就要补充人手，加强学校心理健康教育的队伍培育。从学校内部而言，学校心理健康教育队伍除了心理老师等专业力量以外，还应当将学校领导的顶层力量、全体教师的中坚力量和心理委员及学生的基层力量纳入其中。

### （一）培育对象人群的职责定位

学校心理健康教育的队伍培育要明确培育对象以及对象人群的职责定位，主要有以下类别。

第一，心理教师。心理教师通常被认为是开展学校心理健康教育的专业力量，是学校心理健康教育的“顶梁柱”，负责学校心理健康教育整体运转，同时也主导支持其他队伍的培育和建设。

第二，以校长为代表的学校领导。如果这些领导一起参与进来的话，可能会给心理健康教育提供更大的发展空间，比如说会专门给心理健康教育安排一些活动或者多一些课程或者开一些心理健康教育的社团，这些其实都掌握在他们的手里。由此可见，学校领导的支持对学校心理健康教育的发展具有重要影响，为心理健康教育开展提供制度保障。

第三，班主任及其他学科教师。作为中坚力量，班主任及其他学科教师是与学生接触最多、相处时间最长的群体，因此也有更多的机会能够关注到学生的心理发展和变化，对轻微问题及时疏导，对严重问题及时上报，在日常学习和生活中培养学生积极的心理品质。

第四，学生自己。一方面要加强学生之间的同伴互助，尤其要发挥心理委员的带头示范作用，引导一种友好和谐的交往氛围；另一方面要加强学生的自我教育和管理，通过自我关怀及时调整自己的心理状态，增强自信心和自我效能感。

### （二）对象人群的起点与需求调研

在明确学校心理健康教育培育对象人群的职责定位后，需要进一步开展对象人群的起点和需求调研。一方面是因为这些对象人群的基础水平各有不同，即起点不同；另外一方面则需要针对对象群体的切实需求开发和实施后续的培育课程。

以班主任为例，当前班主任对心理健康教育的重视和支持程度参差不齐：有的班主任十分上心，会督促每位学生准备一个心理笔记本，也会主动与心理老师沟通班级学生的情况；有的班主任非常不重视心理健康教育，缺乏基本的心理常识，甚至会给心理老师找麻烦。当访谈班主任问及对教师心理健康教育培训的需求和期待时，有的班主任希望了解不同年龄阶段学生的心理特征以及与学生、家长交流教育问题时的话术；有的班主任希望了解问题学生的观察指标和正确的心理疏导方式，以便及时发现和干预问题；还有许多班主任认为应当对教师心理健康提起重视，以避免将教师的情绪、压力传染转移到学生身上。由此可见，班主任群体内部就存在着不同的培育起点和需求，在不同的群体之间更是如此。因此，有必要在开展培训前对不同对象群体开展深入的起点与需求调研，从而设计开发出符合教师需要的培育课程。

### （三）培育课程的开发与实施

学校心理健康教育需要针对对象人群的职责定位、起点与需求开发实施培育相应的课程。当前学校心理健康教育已有开展一部分培育实践，主要包括：①以专家入校督导、区级教研、观摩走访、案例培训等形式对心理教师开展培育，提高心理教师的授课水平和危机处突能力；②以讲座或沙龙的形式对班主任或其他学科教师开展培训，加强心理健康教育知识的普及和基本辅导技巧的传授；③以社团及拓展课的形式对心理委员开展培训，培养心理健康教育的基层力量，及时发现班级学生中的异动。

虽然学校心理健康教育实践中有这样一些零星的闪光经验，但还是有必要加强培育课程的开发与实施，开创出更加丰富生动又有效实用的形式助力不同队伍的提升和成长。

### （四）培育成效的评价与反馈

在完成培育课程的实施之后，有必要开展对培育成效的评价与反馈，从而以评促建，进一步改进新一轮队伍培育的过程，提高队伍培育的质量。培育对象对于培训的成效是有要求的，希望相关的培育能够为他们带来实际的帮助，而非浮于表面或走个形式，而成效的体现便需要加强评估和质量改进。因此，可以通过前后测、满意度调查、意见收集对培育课程的成效开展初步评估，进而逐步建立科学的评价指标体系对培育课程的成效开展更加深入全面的评估，从而反促队伍培育的过程改进和质量提升，贯彻落实培育课程的实际成效。

## 二、资源建设机制

学校心理健康教育的预防性和发展性教育在物资、师资、培训资源等方面存在着明显的资源匮乏困境，心理健康教育的开展单凭心理教师个人拥有的资源是远远不够的，因此有必要建立心理健康教育的资源建设机制以丰富拓展学校心理健康教育资源。

### （一）流动交换稀缺资源

学校心理健康教育中的稀缺资源可以通过流动交换的方式来实现年级之间、学校之间的互通有无，节省学校心理健康教育的成本，提高学校心理健康教育的效益。在某个领域有所擅长、甚至能够创建个人品牌的心理教师可以被看作是稀缺的教师资源，而稀缺的教师资源可以通过流动交换的方式互通有无、开放共享，提高学生获得的心理健康教育质量。那么除了校内的稀缺资源可以在班级之间、年级之间共享以外，其他学校的资源、区域的资源同样能够实现校际流动共享，比如邀请心理健康教育的名师优师来校讲课、分享交流。

以硬件资源为例，可以在区域内或学校片区建立心理健康教育基地，聚集优质的心理健康教育资源，引进一些成本较高、使用频率不高、但具有教育价值的先进仪器设备，可供周围不同学校的心理教师带领学生和教师前来参观体验，补充丰富学校心理健康教育的形式和内容。

### （二）搭建平台共享资源

学校心理健康教育的师资薄弱、经验零散，搭建心理健康教育资源共享平台不仅能够促进不同学校的心理健康教育资源共建共享，推动资源优化更新，而且能够帮助学校心理教师找到同伴，互帮互助，支持彼此的专业成长。例如，一位教师借助微信公众号搭建了一个心理健康教育资源共享的平台，平台上根据具体的主题共享一些心理健康教育方面的专业知识，组织开展云教研会打造优秀课例，组织开展案例研讨会共同商讨应对策略，建立心理教师社群增进交流互动。来自多个地方多所学校的教理教师都愿意在平台上分享自己的教学设计，与其他心理教师共同探讨授课新主题、新思路、新想法。

不论是民间探索，还是官方主导，资源共建共享的理念和模式值得尝试和探索，学校可通过教育共同体、资源库、数字化资源共享平台等多种模式开展共享，在数字化时代下更是要充分借助信息技术的作用扩大资源共享的范围、降低资源管理的难度、提高资源建设的质量。

## 三、监测预警机制

监测预警多出现于医学领域的疾病防控和环境科学领域的自然灾害预防，其强调对疾病与风险的识别、评估和预警，尤其关注从量变到质变的关键节点，从而预防和化解风险的发生。当前学校心理健康教育实践中，心理健康教育工作者缺乏对学生心理风险的识别判断能力，需加强对学生心理健康状况的全面监测、对学生心理问题的主动识别，从而有效预防学生心理危机的发生。

### （一）评估排查，全面监测

监测预警的第一步是对学生心理健康状况的全面排查和评估。考虑到当前学校心理教师和学生人数比例的悬殊现状，对心理健康状况的全面排查须联合心理教师和班主任的力量密切配合，充分利用大数据的信息技术手段统计学生心理健康的相关信息。新生入学时，学校班主任对学生的档案进行了解排查，筛选出处于困境、可能会存在心理风险的学生作为重点关注的对象，并上报给学校心理教师。心理教师则对全体学生开展线上心理测评，根据学生的心理测试结果将学生分为心理健康人群、心理亚健康人群、心理不健康人群，着重关注班主任上报的潜在风险学生的心理测试结果。这只是对学生心理健康状况的初步排查和评估，因此，心理教师和班主任需要对初步评估中被判断为心理不健康的学生开展二次评估，通过重点观察、侧面了解、谈心谈话等方式进一步排除或确定学生的心理风险状况。

### （二）标记分类，分层教育

在经过对全体学生的评估排查之后，学校可建立线上监测系统对学生心理健康状况标记分类，参考借鉴防疫二维码的手段，将心理健康、心理亚健康、心理不健康的学生分别标记为绿码、黄码和红码。标记分类有助于学校领导和班主任全面把握学生的心理健康状况，如人数、程度等，但这只是一方面的作用，更重要的是对处于不同心理健康状况的学生开展分层教育，从而更有针对性地发挥学校心理健康教育的预防作用。对于被标记为绿码的心理健康的学生，学校可通过发展性的心理健康教育帮助其提升心理素养和培养积极的心理品质；对于被标记为黄码的心理亚健康的学生，学校可针对学生需求和特定主题开展选择性预防，帮助其解答密切关注的困惑或疑虑，定向预防心理问题的发生；对于被标记为红码的已经出现心理问题的学生，学校可通过针对性的心理咨询与辅导帮助其缓解改善心理问题，预防心理问题的恶化和心理危机等意外事故的发生。其中，被标记为红码的学生是心理风险管控的重点人群，因此需要学校心理教师和班主任的集中关注。

### （三）动态调整，反馈跟进

学生是处于发展中的未完成的人，学生的心理健康状况具有动荡性和波动性的特征，因此，对学生心理健康状况的标记分类并非对其贴上永久的标签，而是要建立一种动态调整、反馈跟进的模式，即三码之间的相互转化。在全程监测的过程中，心理老师可能会或主动或被动地发现一些新的心理风险潜在对象，可在评估后对其二维码进行动态调整；同样的，在对学生开展干预预防行动后，心理老师经评估认为确已缓解恢复的可对二维码进行动态调整。三码的动态调整在一定程度上反映出学校心理健康教育在“矫治”和“预防”方面的成效，当然有必要对学校心理健康教育的矫治和预防开展更加深入细致的评价反馈，从而改进完善学校心理健康教育的工作模式和机制运行。

## 四、全域渗透机制

学生的心理发展贯穿于学习和生活的全过程，心理健康教育本就应贯穿于学生成长和发展全过程，仅靠学校心理教师直接实施的心理健康教育发挥预防和发展作用是十分有限的，有必要将心理健康教育融入渗透学生受教育的每个环节。

### （一）心理健康教育渗透学科教学

课堂是学生接受教育的主渠道、主阵地，也是发挥学校心理健康教育预防与发展作用的最佳场所。心理课程是直接开展心理健康教育的课程，但除了心理课程以外，学生在校期间接受教育影响最多的是学科课程，不论是社会科学类课程（语文、英语、历史、地理、政治等）、自然科学类课程（数学、物理、化学、生物等），还是艺术体育类课程

（音乐、美术、体育等），都可成为开展心理健康教育的载体。

“学科教学与心理健康教育的渗透与融合，不仅为心理健康教育开拓了更为广阔的实践领域，也为学科教学提供了变革的空间，真正体现了‘以人为本’的教育思想。”① 心理健康教育渗透学科教学主要可分为以下方式。

第一，将心理健康教育作为思想内容，即挖掘学科教学中心理健康教育的相关要素并不失时机地对学生加以引导。大多数任课教师都能说出心理健康教育与其学科教学的结合点、融入点，学科中本就有许多资源和话题可与心理健康教育融合，为探讨和开展心理健康教育提供了契机。比如语文课上常让学生分析英雄人物的思想感情，本身也可对学生的思想感情起到正面积极的示范影响；结合学科的特点，如语文关注人文熏陶、英语倡导多元文化包容、数学强调理性逻辑等，认为学科教学本身也具有心理健康教育效果，有助于培养学生相关的心理品质；能够对心理健康教育渗透学科教学提出一些具体形式上的融合，如艺术治疗、音乐疗法、以绘画洞察学生心理等，通过唤起学生不同的心理感受、激发学生的审美心理体验引导学生调控心理、改善情绪。

第二，将心理健康教育作为方法过程，以尊重学生心理发展规律、符合学生心理发展需要的方式来开展教育，关注学生在课堂上的心理体验。心理健康教育并不都是有形的，也可以是无形的，课堂上的师生关系、教师的教学观和学生观、学生之间的竞争合作、课堂心理氛围、课堂管理模式、课堂秩序、教师的表扬与批评、教师对课堂问题的应对处理、教师对学生学习结果的评价反馈等，都将对学生的心理发展产生重要影响。所以，应当加强发挥隐性心理健康教育的影响力；通过课堂上的师生互动和生生互动让学生感受到自己是被关怀的、被鼓励的、被支持的，为学生建立和谐的人际关系搭建平台；通过教师的表扬和激励让学生感受到自己是优秀的、被肯定的、被认可的，帮助学生建立自信心和自我效能感；通过课堂氛围的营造让学生感受到安全、温暖与信任，培养学生的平和心态，加强学生与学校、班级的联结和羁绊。

心理健康教育渗透学科教学，既要挖掘学科课程中心理健康教育的要素，将心理健康教育作为思想内容融入学科课程中的教学点，也要关注学生的课堂体验，将心理健康教育作为方法过程营造良性互动的课堂氛围，让所有的课堂都成为开展学校心理健康教育的阵地，持之以恒、全方位、沉浸式地发挥育心育人作用。

---

① 万晓冬，邓志军．心理健康教育与学科教学的渗透与融合［J］．黑龙江高教研究，2006（2）：35.

### （二）心理健康教育渗透班级生活

班级是学生在校生活的基本单位，是学生开展学习和社交的重要场所，班级中的同学和老师都是学生心理成长的重要支持力量，心理健康教育融入渗透班级生活是通过班主任及任课教师的引导促进班级同伴互助和学生自我关怀，塑造良好的班级氛围，实现由他助到互助到自助的过程。

第一，心理健康教育渗透班级生活的第一步是教师他助，班主任和其他任课教师尊重学生心理成长规律，关注学生心理体验，为遇到心理困惑或烦恼的学生提供支持和帮助。

第二，同伴互助，班级同学和谐相处、友好交往，在其他同学需要帮助的时候扮演好倾听者、安慰者、鼓励者、支持者的角色。从教师他助到同伴互助的过渡需要班主任和其他任课教师的引导和协助，在班级中倡导互相帮助、互相关怀的学习和生活氛围。

第三，班主任可调动班干部的积极性，率先建立同伴互助关系网的几个关键稳固的节点，后由点及面、辐射示范，带头建立积极、友好、和谐、互助的人际关系。在这样的班级人际交往中，同学既能获得来自教师的辅导和支持，也能获得来自同学的鼓励和帮助，在潜移默化下也能够做到帮助他人和关怀自我，从而进一步巩固互助，再由互助走向自助。

第四，将教师他助、同伴互助和自我关怀融入班级文化建设，建立温暖、安全、关怀、支持的班风，能够潜移默化地培养学生的积极心理品质，为学生心灵成长提供良好的发展环境。

### （三）心理健康教育渗透学校文化

学校是学生成长的主要场所，也是学生与教师、同伴互动的重要系统，学校文化对学生的心理健康教育发挥着潜移默化的影响。倘若一所学校高度重视和关注学生作为“人”的全面发展、将心理健康教育思想和理念融于学校文化，那么这所学校中的学生必能具备良好的心理素养和积极的心理品质，同时带动其他方面的学习和发展。学校文化主要分为物质文化、制度文化和精神文化：物质文化是学校物理环境中的直观形象；制度文化是学校组织管理中的规范与纪律；精神文化是学校全体成员观念中的信念与价值观。发挥校园文化对学生心理健康教育的浸润促进作用，可从以下方面着手。

1. 物质文化

在物质文化上，打造温馨的校园环境。加强校园环境建设和文化设施建设，让学校的每一面墙、每一句标语、每一座建筑、每一处景致都能发挥教育作用，实现一草一木都能说话、一景一地都能传情。在舒适宜人的校园环境建设的基础上，可参照当前部分学校心理咨询室的环境布置增加校园环境中的心理元素，提升安全感和温馨感。学校可通过设置著名心理学家的介绍和名言、倡导学生“爱自己”的标语、展示学生创作的心理作品和海报、开设心理互动交流的区域或者直接将学校的某个亭子打造成放松解压的心理角，让学生在潜移默化中养成关爱自我的意识和积极阳光的心态，也能在随手处获得需要的心理资源。

2. 制度文化

在制度文化上，凸显柔性管理。在学校组织管理中彰显人性化，在原先刚性管理的基础上倡导柔性，实现刚性管理与柔性管理相结合，打造温暖和谐的校园人际关系。学校教师的心理健康是经常被忽视的，且对于学校管理制度颇有怨言，教师的心理健康对学生的心理健康具有重要影响，教师的情绪会感染学生的情绪，教师的行为风格会塑造班级的行为风格，因此须加强对教师心理健康的关注，从学校管理着手，凸显人性化管理、柔性管理，对教师给予充分的尊重、理解与关怀，对有特殊需要的老师予以特别的关照，打造温暖和谐的人际关系。心理健康的教师会以积极向上的精神面貌面对工作，以人性化的方式管理班级，以爱心与耐心教导学生，以身作则成为学生的榜样模范。

3. 精神文化

在精神文化上，倡导人本教育。在学校全体成员中形成以人为中心的精神文化，营造人本教育氛围。学校中的“人”既包括教育者，也包括教育对象，教育的发生有赖于教育者和教育对象之间的互动交往，因此，“人本”的学校教育要关注以下方面。

（1）还原教育者的生命价值，老师是有需要、有情绪、有缺点的具体的人，而非为了完成教育任务的“工具人”。

（2）突出教育对象的生命价值，学生是有优势、有潜力、动态发展的积极的人，而非静止的、幼稚的、物化的人。

（3）构建“以人为本”的师生关系，教育的发生需依靠师生交往互动生成，而非依靠教师权威单向灌输。这就需要发挥学校教育中教师和学生的主观能动性，教师给予学生接纳和关怀，激发学生探求知识和学问的好奇心和积极性，回归教育的本真，学生能够给予老师尊重和信任，既爱智慧也爱人类，自我内驱主动学习，与人为善全面发展。

# 第四章　学校管理的心理学发展

## 第一节　学校管理心理学的溯源

### 一、管理心理学的产生与发展

管理心理学是研究组织管理过程中个体、团体、组织的心理及行为现象、心理过程及其发展规律的科学。它把心理学的理论、原则和方法运用于组织管理中，通过研究组织中人的心理和行为规律，进而控制和预测组织中的人的心理和行为规律，以调动人的积极性，发挥人的潜能，提高生产和工作效率，改善人际关系及增强组织功能。管理心理学是心理学和管理学交叉而成的一个新兴重要分支，属于应用心理学科。

#### （一）管理科学的理论

1. 科学管理学派

泰勒被公认为是“科学管理之父”，从1900年开始，在工厂实验的基础上，先后提出了劳动定额、工资定额、工作流程图、差别计件工资制、岗位职能制等一系列科学管理的制度和方法，统称“泰勒制”。最早采用科学方法研究工人的工作效率问题，并发展出科学的作业方法，使得工作效率成倍提高。

2. 行为科学学派

20世纪30年代至60年代是现代管理理论的重要发展期，人们开始重视管理中人的因素。美国的一些心理学家和社会学家相结合，对企业管理中提高人的生产效率问题进行了许多实验，并形成了管理中一个对后来的管理心理学产生重要影响的人际关系学派（又称行为科学学派）。该学派是以20世纪20年代至30年代的霍桑实验为标志形成和发展起来的，主要研究人的工作环境如湿度、温度、休息时间、福利等对生产效率的影响。梅奥1933年出版了《工业文明中的人类问题》一书，成为人际关系学派的代表作。该书认为，工人不是只追求金钱收入的“经济人”，他们还有社会心理方面的需要，应把工人当作“社会人”来看待，重视人际沟通作用；管理要转向以人为中心的管理；重视工人群体的研究；建立新型的领导、监督关系，主张运用协调人际关系的方法以及采取民主参与的领导方式等。梅奥领导的“霍桑实验”是推动管理心理学发展的重要因素。随后20世纪50年代，在美国，这门运用社会科学、心理科学的知识与科学原理来提高管理效能的学科被命名为行为科学。直到20世纪60年代，管理心理学正式成为一门独立学科。

### （二）心理科学的理论

#### 1. 群体动力理论与社会测量理论

被称为“社会心理学之父”的德国心理学家勒温所提出的“群体动力说”，对于管理心理学的形成有很大的促进作用。

人的心理、行为决定于人的内在需要和周围环境的相互作用。当人的需要未得到满足时，会产生内部力场的张力，客观环境中的一些刺激起着导火索的作用。人的行为的动向取决于内部力场与情境力场的相互作用。1933年以后，群体动力的概念被提出。群体的行为不等于群体中成员个人行为简单的算术和，因而会产生一个新的行为形态。1934年，美国社会心理学家莫里诺创造了社会测量法，这种技术主要采用填写问卷的方法，让被测试人根据好感或反感对伙伴进行选择，并把这种选择用图表形式表示出来，以便对群体中各成员之间的关系进行分析，帮助人们认识群体凝聚力、群体结构等人际关系的问题。

#### 2. 有关人性的理论

1954年，美国心理学家马斯洛在对人的需要、动机进行研究的基础上出版了《动机与人格》一书，提出了对管理理论产生重要影响的需要层次理论。该理论将人的需要分为五类，即生理需要、安全需要、社交需要、尊重需要和自我实现需要，认为人都需要发挥自己的潜力、表现自己的才能，只有当人的潜力充分发挥出来，才会感到最大的满足。需要层次理论促使管理心理学家和管理学家抛弃了科学管理时期“经济人”的人性假设观，并对人际关系学派的“社会人”的人性假设观的认识有了进一步深化，重视探讨在管理中激励员工积极性的途径。

20世纪50年代，美国心理学家阿吉里斯提出了员工“不成熟—成熟”理论。与马斯洛的自我实现的理论有同样的含义，认为成熟的过程就是自我实现的过程。但人之所以不能完全成熟、不能充分自我实现是环境条件特别是管理制度限制了人的发展。

3. 组织心理理论

除了对管理中的个体、群体心理的研究，约20世纪40年代以来，许多心理学家和管理学家开始注意对整个组织心理宏观研究，如美国的现代管理理论之父巴纳德1938年出版的《经理人员的职能》。他认为组织是两个以上有意识的协作力量和活动的合作系统；工人首先是社会成员，然后才是组织的参与者，而不是工具；管理人员的权威不是依靠命令来取得；合适的工作条件、技艺受到重视、企业事务的参与机会与伙伴合作共事的兴趣将更为重要；强调组织中的信息沟通和非正式群体的作用。

美国斯坦福大学教授、著名管理学家莱维特于1958年正式出版了《管理心理学》，标志着管理心理学的诞生，它不断吸收心理学科乃至其他学科的知识，来丰富自己的内容，其中值得一提的是权变管理理论、行为科学以及神经管理学的发展，为管理心理学的发展，开辟了广阔的前景。

管理心理学现已成为心理科学的一个独立的分支，它的普及与应用已不再局限于企业，而是对各行各业的组织管理具有普遍的指导意义，其中学校管理心理学就是管理心理学科中的一门新兴的独立学科。我国在几十年的发展中，学习国外的先进管理理论和方法，联系我国的改革实践、企业管理以及学校管理实践加以应用，取得了较好的效果，也取得了一定的科研成果。

## 二、学校管理心理学的产生和发展

### （一）学校管理心理学的产生

“学校管理心理学是一门新兴的科学，它是随着20世纪世界经济的发展、科学技术的进步、组织规模的扩大而产生和发展的。”① 自从有了学校，学校就具备了管理这项职能，但由于生产力落后，学校教育的规模和内容都十分有限，在学校管理方面并没有形成系统理论。20世纪初期以来，随着社会的发展，在欧美一些国家，学校增多，规模扩大，教学内容、方法和形式日益丰富，学校管理工作也日趋复杂，许多问题亟须解决，学校管理心理学应运而生。学校管理心理学的基本理论和框架来源于管理科学发展过程中的行为科学，其萌芽可以追溯到闵斯特伯格。闵斯特伯格十分关注学校管理心理学问题，把发展教师有效的教育技术作为心理技术学的主要内容之一。心理技术学应该应用于教育领域，其

① 刘野. 学校管理心理学的学科发展［J］. 辽宁教育学院学报，2002（9）：77.

目的不仅在于使教师能有效地影响学生，也在于使教师能够自省，进而采取适当的教育方式。他为早期学校管理心理学的发展做出了一定的贡献。

### （二）学校管理心理学的发展

我国是率先使用“学校管理心理学”这门学科名称的国家。早在 1979 年，在急需心理学教材的情况下，在教育部和中国心理学会的领导下，全国八家教育学院的心理学工作者编写了《学校心理学》，就有关学校教育、教学、管理的心理学知识编写了九章内容。“管理心理”是其中的第八章。该章共四节，有提高领导效能、调动教师积极性、科学管理学生、校风的形成等。这是改革开放以后，我国第一次见诸正式出版的学校管理心理学内容，但它还不是独立的一本书。1984 年，云南教育学院张夔主持编写我国第一本《学校管理心理学》。书中提出的“心理设计法”“领导环境的诊断”“学校心理环境的建设”在学校管理心理学的研究方法中具有独到之处。

学校管理心理学教材的建设很好地体现了我国学校管理心理学的学科发展。随后，相关的一些学校管理学书籍、教材陆续出版，其中，《学校管理心理学》在国内比较早地把“人的本质问题”“管理的本质问题”“人的全面发展理论”视为学校管理心理学的基本理论，在激励问题上，对需要、目标、教职工的成熟度、教职工的考核等，做了深入的论述。

此外，许多学者都围绕学校管理心理学大框架，从不同角度编著了学校管理心理学的专著和教材。这些专著和教材在内容、研究对象、范畴体系、研究方法等方面各有特色，各个学者的观点不尽相同。但总体来说，这些专著和教材的不断丰富和深入论述，表明我国的学校管理心理学的发展在日趋成熟，逐步成为一门兼具理论和实践指导意义的新兴综合性学科。

## 第二节　学校管理心理学的理论基础

### 一、人性假设理论

管理，归根到底是人的管理。纵观管理心理学史，其管理理论都以人性假设为基础，不同的人性假设在实践中体现为各种不同的管理理念和管理行为，学校管理心理学也不例外。人性假设是对影响人的工作积极性的最根本的人性方面的因素进行研究和探索所形成的理论成果，它不仅决定着管理理论的形成与发展，同时还制约着人类的管理实践活动。因此，对于人性的正确认识和理解之于管理效果好坏以及管理成败的意义就十分重要。我国古代有“人性本善”与“人性本恶”之争，在西方欧美国家也有各种不同看法。中西管理学中各种不同的人性假设中都蕴含着某种程度的合理或科学成分，它们在当代的管理实践中均有不同程度的体现。正因如此，我们有必要在推进现代管理的进程中对这些观点予以深入的分析，以吸取其合理内涵。

### （一）自我实现人假设

#### 1. 自我实现人假设的理论

自我实现人的概念是由美国人本主义心理学家亚伯拉罕·马斯洛提出的。马斯洛把人的需要分为五个层次：生理需要（最低级的基本需要）、安全需要、爱与归属的需要、自尊需要及最高层次的自我实现需要。人都需要发挥自己的潜力，表现自己的才能，如此人才会感到最大的满足，最理想的人就是“自我实现的人”。由此，麦格雷戈总结马斯洛等人的观点，并结合管理问题，提出了自我实现人假设，其基本内容如下。

（1）大多数人天生勤奋，如果环境条件有利，工作就如同休息或游戏一样自然。

（2）人的动机是由多种层次的动机组成的一个系统，当人的一种层次需要满足后，就会倾向于更高层次需要的满足。

（3）控制和惩罚不是实现组织目标的唯一方法，员工在执行任务中能够自我激励和自我控制。

（4）自我实现和组织绩效的提升并没有与生俱来的矛盾。如果能给予适当的机会，员工们是会自愿把他们的个人目标和组织目标结合为一体的。

#### 2. 自我实现人假设的管理运用

（1）在管理重点方面，自我实现人假设重视员工的工作环境，但与经济人假设的重视工作任务不同，它重点不是放在计划、组织、指导、监督、控制上，而是要创造一种适宜的工作环境和工作条件，使员工能在这种环境下充分挖掘自己的潜力，发挥自己的才能，最终达到充分地自我实现。

（2）在管理人员的职能方面，自我实现人假设认为，管理者的主要职能既不是生产的指导者，也不是人际关系的调节者，而应是一个设计者。他们的主要任务在于如何减少和消除员工在自我实现过程中所遇到的障碍，为发挥员工的智力创造适宜的条件。

（3）在奖励方式方面，对人的奖励可划分为两大类：①外在奖励，如工资、提升等；②内在的奖励，如获得知识，增长才干，充分发挥潜力等。只有内在奖励才能满足员工的自尊和自我实现的需要，从而极大地调动起他们的积极性。

（4）在管理制度方面，自我实现假设强调自治，提出应保证员工能充分地表露自己的才能，达到他们所希望的成就。

### 3. 自我实现人假设的评价

自我实现人假设产生的一些管理措施在如今依然有一定借鉴意义，例如：它提倡在可能的条件下为员工创造适合的工作环境和工作条件，以利于充分发挥个人才能；充分重视内在奖励的方式；相信员工的能力及他们的独立性和创造性，充分发挥他们的作用。

当然，自我实现假设也有自身的片面性和局限性。从辩证唯物主义的观点来看，人既不是天生懒惰的，也不是天生勤奋的，人不一定都把充分发挥自己的潜力作为最大的满足。实际上，人是很复杂的，他是否追求自我实现并不取决于马斯洛等人认为的自我实现的自然发展过程，而是取决于人后天所受到的社会环境的影响。可见，我们既要注意吸收自我实现假设中有借鉴意义的内容，也要注意剔除其非科学的部分。

## （二）复杂人假设

### 1. 复杂人假设的理论

复杂人假设是20世纪60年代末至70年代初由埃德加·沙因提出的一种人性假设。“复杂人”的含义有以下两个方面：①就个体而言，人的需要和潜力会随着年龄的增长、知识的增加、地位的改变、环境的改变以及人与人之间关系的改变而各不相同；②就群体而言，人与人是有差异的。因此，根据这一假设，提出了一种新的管理理论，叫复杂人理论。这种理论认为最佳的管理方式必须根据组织内外环境自变量和管理思想及管理技术等因变量之间的函数关系，灵活地采取相应的管理措施，将工作、组织、个人三者做最佳的配合，其基本观点可概述如下。

（1）人类的需要是多种多样的，并且会随着人的发展阶段和整个生活处境的变化而变化。每个人的需要都各不相同，需要的层次也因人而异。

（2）人在同一时间内有各种需要和动机，它们之间会发生相互作用，并结合成统一整体，形成错综复杂的动机模式。

（3）人在单位中的工作环境和条件是不断变化的，因此也会不断产生新的需要和动机。换言之，在人生活的某一特定时期，动机模式的形成是内部需要和外界环境相互作用的结果。

(4) 人在不同的单位或同一单位的不同部门工作，会产生不同的需要。

(5) 由于人的需要不同、能力各有差异，其对于不同的管理方式会有不同的反应。因此，不存在一套适合于任何时代、任何组织和任何个人的普遍的、行之有效的管理方法。

2. 复杂人假设的管理运用

复杂人假设主要是探讨管理功能与环境因素之间的关系，要求管理人员根据具体的不同情况，灵活地采取不同的管理措施。

(1) 采用不同的组织形式提高管理效率。

(2) 根据企业情况不同，采取弹性、应变的领导方式，以提高管理效率。若企业任务不明、工作混乱，应采取较严格控制的领导方式；若企业任务明确，则应采用民主的、授权的领导方式。创业阶段要有开拓奋斗型领导；成长阶段要有民主敬业与守业型领导；饱和阶段要有改革创新型领导。

(3) 善于发现员工在需要、动机、能力、个性方面的个别差异，因人、因时、因事、因地制宜地采取灵活多变的管理方式与奖励方式。

3. 复杂人假设的评价

复杂人假设管理理论一反过去旧的管理模式，即依据某种人性假设理论提出一整套管理方式和方法去管理不同文化程度的员工，而是强调根据具体情况，针对不同的管理对象，采取不同的管理方式和方法。这对于管理思想发展和实际管理工作都具有积极意义。

与此同时，我们也应看到，复杂人假设只强调人的个体差异的一面，在某种程度上忽视了人的共性的一面。而共性和个性是辩证统一的，个性离不开共性，共性寓于个性之中。割裂共性和个性的统一关系，片面夸大个体差异，显然是不正确的。更重要的是，复杂人假设没有从人所处的生产关系出发去认识人的需要，认识人的生产积极性，因而它只看到了“人性的复杂”这个现象，却无法认识“复杂人性”的本质，所以它不能从根本上解决如何充分调动员工工作积极性的问题。

## 二、激励理论

“激励是调动人的积极性、主动性及创造性的重要手段，是实现组织目标关键途径，通过激励理论的研究历程，激励理论研究内容与特征，提出未来激励理论发展趋势。”①

① 苏明城，张向前．激励理论发展及趋势分析［J］．科技管理研究，2009，29（5）：343.

### （一）内容型激励理论

内容型激励理论又称需要理论，它着重研究员工的需要与行为动机的对应关系，目的是通过满足个体的需要来激发相应的行为动机，使其为组织的目标服务。即员工需要什么就满足什么，从而激起他们的动机。其代表理论主要如下。

#### 1. 马斯洛的需要层次理论

（1）马斯洛的需要层次理论概述。人本主义心理学家马斯洛于1943年在其《人类动机理论》一书中提出需要层次理论，认为人类有五个层次的需要，即生理需要、安全需要、爱与归属的需要、自尊需要及自我实现的需要。这五种需要像阶梯一样从低到高，按层次逐级递升。当下一级需要获得基本满足以后，追求上一级的需要就成了驱动行为的动力。但这种需要层次逐渐上升并不是遵照“全”或“无”的规律，即一种需要100%的满足后，另一种需要才会出现。事实上，社会中的大多数人在正常情况下，他们的每种基本需要都是部分得到满足。

马斯洛指出这五种需要按从低到高的顺序排列为：生理和安全需要属于低层次需要，这些需要通过外部条件就可以满足；爱与归属的需要、自尊需要和自我实现需要则属于高层次需要，这些需要通过内部因素才能满足，而且个人对尊重和自我实现的需要是无止境的。总体来说，高层次的需要比低层次需要更有价值，人的需要结构是动态的、发展变化的。因此，通过满足员工的高级需要来调动其工作积极性，具有更稳定、更持久的力量。

（2）马斯洛的需要层次理论的管理运用。从管理工作的角度看马斯洛的需要层次理论，每种基本需要都有其相对应的激励措施。比如，生理需要是人类维持生存最基本的需要，在管理工作中，适宜的薪资、良好健康的工作环境和各种福利等都是满足这一需要的措施；安全需要则可通过劳动合同书、良好的退休金制度等来满足；社会需要主要体现的是人作为社会性动物的需要，可以通过各种形式的非正式社交活动以促进员工之间的交往，或者鼓励员工参加各种团队活动以培养其团队意识和认同感等；尊重需要则可以通过设置各类工作职位、头衔及合理的晋升机制，给予社会荣誉和奖励等一系列承认员工价值的形式来满足；自我实现需要的满足有赖于给予员工充分发挥其潜能的机会，提供能发展个人特长的组织环节，主动让其承担具有挑战性的工作，支持员工积极的设想，鼓励员工参与决策等，以尽力满足他们这方面的需要。

（3）马斯洛的需要层次理论的评价。马斯洛的需要层次理论受到广泛认可，这得益于该理论在逻辑上能够被人直观地理解。然而，令人遗憾的是并没有普遍地证明其有效性。

比如，缺乏证据来支持马斯洛所列的需要结构按层次排列，或者马斯洛预测的一个需要得到满足后，会导致下一个更高层次的需要。但是，马斯洛从人的需要出发研究人的行为和探索人的激励机制，抓住了问题的关键；指出人的需要是由低级向高级不断发展的，这一趋势基本上是符合人的需要发展规律的。因此，需要层次理论对管理者如何有效地调动人的积极性还是有一定的启发作用。

2. 奥德弗的 ERG 理论

ERG 理论的全称是“生存（Existence）、关系（Relatedness）、成长（Growth）”，取生存、关系、成长三个单词的首字母排列，简称 ERG 理论。它是由耶鲁大学的奥德弗在重组马斯洛的需要层次理论，使之与实证研究更加一致的基础上提出的。

（1）ERG 理论概述。人的基本需要不是五种而是三种，即生存需要、关系需要和成长需要。

第一，生存需要。这类需要与人们基本的物质生存需要有关，包括衣食住行以及报酬、福利和安全条件等，相当于马斯洛提出的生理和安全需要。

第二，关系需要。这类需要是指人际关系的需要，包括上下级之间、同事之间、个人与个人之间以及个人与组织之间的和谐关系等，它们与马斯洛的社会需要和自尊需要相对应。

第三，成长需要。这类需要是指个体对于尊重和自我实现等方面的追求和需要，包括个人在事业、前途等方面的创造、发展与成长，与马斯洛的尊重需要的内在部分和自我实现需要相对应。

除了用三种需要替代了五种需要以外，与马斯洛的需要层次理论不同的是，奥德弗的 ERG 理论还表明：人在同一时间可能有不止一种需要起作用，如果较高层次需要的满足受到抑制的话，那么人们对较低层次的需要的渴望会变得更加强烈。

马斯洛的需要层次是一种刚性的阶梯式上升结构，即认为较低层次的需要必须在较高层次的需要满足之前得到充分的满足，二者具有不可逆性。而相反的是，“ERG”理论并不认为各类需要层次是刚性结构，例如，即使一个人的生存和关系需要尚未得到完全满足，仍然可以为成长发展的需要工作，而且这三种需要可以同时起作用。

（2）ERG 理论的管理运用。作为管理者应该了解员工的真实需要。不同的需要会带来不同的结果。反过来，不同的结果可能会满足他们的需要，也可能无法满足他们的需要，管理者既要控制员工的工作表现或工作行为，同时也要控制工作结果。如果管理者无法控制那些影响员工需要的结果，他就不能影响员工的行为方式。

（3）ERG 理论的评价。奥德弗的 ERG 理论在需要的分类上并不比马斯洛的理论更完善，对需要的解释也并未超出马斯洛需要理论的范围。而且，一般认为马斯洛的需要层次理论是带有普遍意义的一般规律，而 ERG 理论则偏重于带有特殊性的个体差异，这主要表现在 ERG 理论对不同需要之间联系的限制较少。比如，ERG 理论并不强调需要层次的顺序，认为某种需要在一定时间内对行为起作用，而当这种需要得到满足后，可能会追求更高层次的需要，也可能没有这种上升趋势。所以，有人认为 ERG 理论很好地补充了马斯洛需要层次理论的不足，更全面地反映了社会现实。

3. *麦克利兰的成就需要与激励理论*

麦克利兰认为个体在工作情境中有三种重要的动机或需要，分别是成就需要、权力需要、亲和需要。他对这三种需要，特别是成就需要做了深入的研究。

（1）麦克利兰的成就需要与激励理论概述。

第一，成就需要。成就需要是指超越别人，在相关标准下取得成就及努力获得成功的驱动力。具有高成就需要的人渴望将事情做得更好，获得更大的成功，他们追求的是在争取成功的过程中克服困难、解决难题、努力奋斗的乐趣以及成功之后的个人的成就感，他们并不看重成功所带来的物质奖励。

第二，权力需要。权力需要是指影响和控制别人的一种愿望或驱动力。高权力需要者喜欢支配、影响他人，注重争取地位和影响力，而不是有效的业绩。他们喜欢具有竞争性和能体现较高地位的场合和情境，他们也会追求出色的成绩，但他们这样做并不像高成就需要的人那样是为了个人的成就感，而是为了获得地位和权力。

第三，亲和需要。亲和需要是指建立友好亲密的人际关系的需要。高亲和需要的人力争获得友谊，他们喜欢合作的而不是竞争的环境，而且希望人与人之间有高度的相互理解。

在生存需要基本得到满足的前提下，人最主要的需要有成就需要、权力需要、亲和需要三种。这三种需要在人们的需要结构中有主次之分，人们的主需求在满足之后往往会要求更多更大的满足，换言之，拥有权力者更追求权力、拥有亲情者更追求亲情、拥有成就者更追求成就。其中，由于麦克利兰认为成就需要的高低对人的成长和发展起到特别重要的作用，而且对于组织和国家而言，拥有高成就需要的人越多，那么组织和国家就会发展得越好，因此很多人就称其理论为成就需要理论。

（2）麦克利兰的成就需要与激励理论的管理运用。管理者应采取措施提高员工的成就需要，以此帮助提高组织的绩效。具体做法如下。

第一，对于成就需要较高的员工，可安排其承担具有挑战性和一定风险的工作任务，给予一定的自主权；同时，给其设定的目标应该是难度适中的，既不能太高，也不能过低；应及时反馈其工作业绩，用表扬、加薪、提职等方式来肯定其成就，以满足其成就需要，激发其工作热情。

第二，对于成就需要较低者，可安排一些常规的任务。成就需要不是与生俱来的，管理者应采取措施，提供机会，以不断培养和提高员工的成就需要。

（3）麦克利兰的成就需要与激励理论的评价。成就需要理论对于我们把握管理人员的高层次需要具有积极的参考意义。当然，麦克利兰的成就动机研究大部分属于相关研究，他既未回到也不可能回到过去的岁月甚至遥远的古代，去测量和操纵当时人们的动机，也不能明确地确定当时经济发展的原因。由此，他的研究也受到很多人的非议。所以，有关这方面的问题，值得我们认真思考和探讨。

### （二）过程型激励理论

需要是动机形成的内在因素，而激励是一个过程，是一个由内在需要引发动机，动机推动行为，并指向一定目标的过程。过程型激励理论着重研究从动机的产生到采取行动的心理过程。典型的过程型激励理论如下。

#### 1. 弗洛姆的期望理论

（1）弗洛姆的期望理论概述。期望理论是由心理学家维克多·弗洛姆提出来的。该理论认为，人们之所以采取某种行为，是因为觉得这种行为可以有把握地达到某种结果，并且这种结果对他有足够的价值。换言之，人们只有在预期的行为将会有助于实现某个具有吸引力的目标的情况下，才会被激励去做某些事情，以实现其个人目标。个人的行为，受到激励水平高低的影响。激励水平取决于期望值和效价两者的乘积。

当个体认为某一目标对自己无意义时，效价为零；当个体认为某一目标对自己很重要时，效价为正值；当个体认为某一目标对自己不利时，效价为负值。只有在效价为正值时，才能对人起激励作用，个体才会为达到该目标而努力。效价越高，对人的激励作用也就越大。期望值是指个人对自己通过努力达到的某种目标的可能性大小的估计，即由主观估计得到的一个概率值。如果个体肯定某种行为不会获得预期目标，则概率为0；如果个体肯定某种行为一定会获得预期目标，则概率为1。

弗洛姆辩证地提出了在进行激励时要处理好以下三方面的关系。

第一，个人努力与个人绩效的关系。员工总是希望通过一定的努力达到预期的目标，如果个人认为达到目标的概率很高，就会有信心，并激发出很强的工作积极性；反之，如果个人认为目标过高，通过努力也不会有很好的绩效时，就会失去内在动力，导致消极工作。

第二，个人绩效与组织报酬的关系。员工总是希望取得成绩后能够得到报酬，这个报酬既包括物质上的，也包括精神上的。如果员工认为取得绩效后能得到合理的报酬，就可能产生工作热情，否则就可能没有积极性。

第三，组织报酬与满足个人需要的关系。员工总是希望自己所获得的报酬能满足自己某方面的需要。然而由于人们在年龄、性别、资历和社会地位等都存在着差异，所以他们对各种需要得到满足的程度也就不同。

（2）弗洛姆的期望理论的管理运用。

第一，管理者要调查了解不同员工的需要偏好，根据员工的需要设置报酬和奖励措施，即提高效价。

第二，管理者必须根据员工的能力和外部条件，给员工设置有一定难度又可以经过努力达到的目标。同时，要给员工创造一定的工作条件，增加他们对达到目标的信心。

第三，管理者要建立有功必赏、奖惩分明的制度，改进绩效—报酬的关系。

（3）弗洛姆的期望理论的评价。弗洛姆的期望理论使组织中个人行为和动机得到更深刻、更全面的理解，也对人类行为的描述提供了新的有力工具。但是，该理论对决定员工积极性的因素考虑得不够全面。其实，员工的个性特征会影响个体对期望值的判断，个人的角色感知可能会影响个体对外在性奖励的效价评估；与此同时，当人的低层次需要得到满足后，在激励模式中应考虑员工对内在性奖酬的效价评估。

2. 公平理论

（1）亚当斯的公平理论。公平理论又称社会比较理论，是由美国心理学家亚当斯提出来的。该理论侧重于研究工资报酬分配的合理性、公平性对职工生产积极性和工作态度的影响。公平理论体现了社会要求利益分配合理化的倾向。

公平理论认为，每个人都有追求公平的权利，而是否公平则是从自己得到的报酬与自己所做的贡献进行比较得出的。如果有客观标准，则员工会以客观标准来比较。如果没有客观标准，则员工就会与类似的情况相比较，如与他人、与自己的过去相比较等。

公平理论还认为，人们的工作积极性不仅取决于其所得到的报酬的绝对值，而且取决于其所得到报酬的相对值。为了了解这个相对报酬，员工就会进行比较。如果比较的结果是自己的收支比与他人的收支比不相等，自己现在的收支与过去的收支不相等，那么人们就会产生心理的不平衡，从而产生追求公平的动机。

不公平感出现后，员工会试图采取行为来改变它。基于公平理论，员工可能会采取相关做法：①改变自我认知，通过自我解释达到自我安慰，如曲解自己的付出或所得；②改变对他人的看法，如曲解他人的付出或所得；③采取某种行为改变自己的付出或所得；④采取某种行为改变他人的付出或所得；⑤选择另一个参照对象进行比较；⑥辞去现在的工作。

（2）罗尔斯的公平理论。罗尔斯把他的公平观概括为以下原则。

第一，每个人对与所有人所拥有的最广泛平等的基本自由体系相容的类似自由体系都应有一种平等的权利。这一原则也称自由平等原则，指的是每个人都平等地享有自由的权利。

第二，社会和经济的不平等应这样安排，使它们：①在与正义原则一致的情况下，适合于最少受惠者的最大利益；②依附于在机会公平平等的条件下职务和地位向所有人开放。第二个原则可概括为机会的差别原则与公平原则。

在中国教育领域，第一个原则即无论公立或者私立教育对社会的贡献大小，都应当完全平等地享有基本权利，比如办学权；而按照第二原则，社会应当不平等的分配公立和私立教育的非基本权利，比如社会经济利益，因为公立和私立教育对社会的非基本贡献是不相同的。

相对于亚当斯的工资报酬分配公平，罗尔斯更注重过程和制度的价值。虽然罗尔斯的正义自由平等原则认为社会应该平等的分配社会权力和利益，但实际上，这在绝大多数情况下是难以实现的。因为社会的差异性在很长时间内将会继续存在，在这种情况下，程序的公平正义将具有更重要的价值和意义。

（3）公平理论的管理运用。

第一，管理者要提高管理的透明度。管理活动的各项制度不论是在决策制定过程中，还是在执行过程中，都要注重提高组织成员的熟悉程度。

第二，运用量化管理。管理者要注意在管理过程中将员工的付出按质和量进行量化评估，然后将评估结果同收入直接挂钩，从而增强员工的公平感。

第三，注重民主管理。所谓民主管理，是指在组织的各种管理制度和政策的制定和实施中，充分听取员工的心声，让员工参与到组织管理中来，管理的民主化是使员工形成公平感的重要保障。

（4）公平理论的评价。公平理论揭示了人们公平心态的激励功能，把一个客观存在却不大被人们注意的问题纳入科学研究领域。罗尔斯的程序公平思想也为我们的组织管理提供了重要的启示。但是，这些理论还有待深入研究，主要原因如下。

第一，公平可以消除人们的不满，但它似乎难以激励人们。因为公平感本身是一种心理平衡感，平衡而无冲突，就失去了动力。这在一些实验中可找到证据。

第二，公平的主观色彩甚浓，因此实际上很难操作，也就难以利用。

第三，有利于自己的不公平感也是激励人们的力量。因此公平的激励价值也许存在于尽量减少人们损己的不公平感，而扩大人们利己的不公平感的策略之中。

### 3. 洛克的目标设置理论

（1）洛克的目标设置理论概述。目标设置理论是由美国心理学家洛克在德鲁克观点的基础上提出的，他认为目标本身就具有激励作用，目标能把人的需要转变为动机，使人们的行为朝着一定的方向努力，并将自己的行为结果与既定的目标相对照，及时进行调整和修正，从而能实现目标，目标是工作动力的主要源泉。

目标设定理论提出，目标是一个人试图完成的行动的目的。目标是引起行为的最直接的动机，设置合适的目标会使人产生想达到该目标的成就需要，因而对人具有强烈的激励作用。重视并尽可能设置合适的目标是激发动机的重要过程。

（2）洛克的目标设置理论的管理运用。目标设置理论在组织管理中的应用主要是通过目标管理来实现的。在组织管理中，它给予了我们如下启示。

第一，管理者要善于制定目标。组织的战略管理层要制定战略目标，各级管理部门要制定策略性目标，每个员工也要制定自己的工作目标。各级目标之间要相互衔接、相互服务，下级目标要以上级目标为基础，使它们成为一个目标体系。

第二，给予员工一定的自主权。不管是在目标的制定过程中，还是在目标的实现过程中，管理者都要注意放权，给予员工适当的自主权。

第三，目标制定、执行和评估尽量设有量化标准，从而为目标的执行和绩效的考评提供科学依据。

（3）洛克的目标设置理论的评价。目标设置理论被发展并运用于组织管理的各个层面，成为一种员工参与组织管理的激励技术。这种管理方法和技术对西方组织管理的理论和实践产生了深远的影响。

# 第三节　个体及群体心理与学校管理

## 一、个性心理与管理

### （一）个性倾向性与学校管理

个性倾向性是推动人进行活动的动力系统，是个性结构中最活跃的因素，是人们从事各种活动的基本动力，决定着人对认识活动对象的趋向和选择。个性倾向性主要是在后天的社会化过程中形成的。

个性倾向性主要包括需要、动机、兴趣、理想、信念和世界观。个性倾向性的各个成分并不是孤立的，而是相互联系、相互影响和相互制约的。其中，需要是个性倾向性的源泉，动机、兴趣和信念等都是需要的表现形式。世界观居于最高层次，制约着人的思想倾向和整个心理面貌，它是人的言论和行为的总动力和总动机。

1. 需要与管理

（1）需要的影响因素。需要是有机体内部的某种缺乏或不平衡状态，是有机体生存和发展的重要条件，反映了有机体对内部环境或外部生活条件的稳定要求。人类个体需要的产生，受多种因素的影响，其中主要因素如下。

第一，生理状态。生理状态是指个体产生需要时的内部状况和生理因素，主要是有机体生理上某种东西的缺乏而产生的一种不平衡状态。如血液中血糖含量减少，有机体就会产生紧张感、饥饿感，于是产生进食的需要。同时，有机体需要产生的生理状况与神经系统、内分泌系统以及有关器官都有着密切关系。有机体是一个整体，不可孤立地来看待某种状态。

第二，情境。需要产生的情境是指诱发或增强需要产生的外界刺激。在情境中，诱发需要产生的最强有力的因素是目标对象，即满足个体需要的对象。例如，精美食物的色、香、味促使人们产生进食的需要；新颖玩具的光、声等特征引发孩子买玩具的要求，以满足好奇心、兴趣的需要。需要产生的情境除了自然情境外还有社会情境，如企业家、科学家、民族英雄等形象，促使人们产生效仿的愿望。

第三，认知因素。认知因素是需要产生的重要条件，是个体确立活动目标的基础。例如，高中时选择文科还是理科，需要学生认真地分析社会需求和个人特长，最后才能作出决定。在认知因素中，最能促进人们产生需要或促使人们进行活动的因素是期待、想象和幻想。期待促使人们为满足某种愿望而努力地进行活动。个人想象自己置身于某种情境，就会加强人们在某一方面的欲望。

（2）马斯洛的需要层次理论。马斯洛按照从较低层次到较高层次将需要排列，把需要分成生理需要、安全需要、归属与爱的需要、尊重需要和自我实现需要。

第一，生理需要。生理需要是维持人类生存的基本需要，是人类最原始、最基本的需要，包括衣、食、住、行、性、睡眠等需要。只有当生理需要得到满足或部分满足时，个体才可能去追求更高一层级的需要。在这个意义上说，生理需要是推动人们行动首要的动力。

第二，安全需要。整个有机体是一个追求安全的机制，人有保护自己免受生理和心理伤害的需要。当个体缺乏安全感时，会感到自己受到威胁，觉得这世界是不公平或是危险的。因此在学校管理中，要满足学生的安全需要，就要做好校园的安保工作，保证学生的人身安全，保证学生不受欺凌，保证学校设施的安全等。

第三，归属与爱的需要。每个人都希望得到关心和照顾，都有获得爱、归属、接纳和友谊的需要。缺乏归属与爱，个体便感受不到身边人的关怀。因此，在学校管理中，教师要给予学生关爱，鼓励同学之间团结友爱，以此满足学生归属与爱的需要。

第四，尊重需要。尊重需要可分为内部尊重和外部尊重。内部尊重是指一个人希望在各种不同情境中有实力、能胜任、充满信心、能独立自主；外部尊重是指一个人希望有地位、有威信，受到别人的尊重、信赖和高度评价。在学校中，一个学生如果没有满足尊重的需要，就会变得很爱面子或是很积极地用行动来让别人认同自己，也很容易被虚荣所吸引。因此，在学校管理中，建立平等公平、信任理解的氛围，可以帮助学生发展独立性和自主性，进而获得尊重和自信。

第五，自我实现需要。自我实现需要是最高层次的需要，是指个体实现个人理想、抱负，最大程度发挥个人能力的需要。达到自我实现的人，能够接受自己也接受他人，解决问题能力强，自觉性高，善于独立处事，能够完成与自己的能力相称的事情。

（3）学生需要的发展与学校管理。学生的需要并不是单一的，而是多角度、多层次的统一体。在这些需要中，学习用品需要是学生的主要物质需要，寻求友爱、寻求尊重、渴望成就是学生主要的精神需要。学生的需要存在个体差异，其需要随社会变迁而不断发展，如当代城市独生子女大多有较强的亲和需要和帮助需要，而成就需要和谦卑需要较弱。

另外，学生不同阶段的需要也是不同的。例如，重点学校学生强度最大的前五项需要分别是：追求丰富知识、多方面能力、优秀品质的需要；结交诚实正直的朋友的需要；升入理想学校或有个好工作的需要；尊重与自信心的需要；信任和理解的需要。

由于学生的需要是分层次的，因此对学生的管理也应该有层次性。在管理中，教师要因人制宜，承认并正确评价学生的需要，尽量满足其合理、可行的需要，而不可急于求成、揠苗助长。在当前的社会生活条件下，应注意将部分学生过高的物质要求引导到学习上来，善于诱导学生将低层次的需要发展到高层次的需要；引导学生抉择较高层次的主导需要，使他们将个人需要和社会需要结合起来，从而增添为祖国建设而努力学习的动力；另外，还要帮助学生选择满足需要的正当方式。

2. 动机与管理

（1）动机的分类。动机是激发个体朝着一定目标活动，并维持这种活动的一种内在心理过程或内部动力。动机的产生基础是需要。动机可以按照不同维度进行分类，如根据动机的引发原因，分为内在动机和外在动机；根据动机在活动中所起的作用不同，分为主导性动机与辅助性动机；根据动机的起源，分为生理性动机和社会性动机；根据动机行为与目标远近的关系，分为近景动机和远景动机。

耶基斯—多德森定律是一个反映动机水平与工作效率关系的定律。该定律认为各种活动都存在一个最佳的动机水平，在一定限度内，随着动机水平的提高，工作效率也随之提高，超过这一限度，工作效率随之降低。最佳工作效率的动机水平为中等，但因工作复杂的程度而略有差异。在难度大的任务中，较低的动机水平反而容易完成任务。适度的动机水平，易于维持个人对工作的兴趣和警觉，同时减少焦虑对工作的不利影响。

（2）学生的动机发展。学生的动机主要表现在学习动机上。学习动机是指个体由一种学习目标或对象引导、激发和维持学习活动的内在心理过程或内部动力。学习动机一般称为学校情境中的成就动机，至少应包括三方面的内驱力决定成分，即认知内驱力、自我提高内驱力以及附属内驱力。所谓认知内驱力，是指学生渴望认知、理解和掌握知识以及陈述和解决问题的需要；自我提高内驱力是一种通过自身努力，完成学习任务，取得一定的成就，从而赢得一定社会地位的需要；附属内驱力是指学生为了赢得家长或教师的认可或赞许而努力学习，取得好成绩的需要。

学生的学习动机各内驱力的发展存在变化趋势。就认知内驱力而言，其目标指向学习本身，往往随着学习内容的变化而发生变化。当学习的内容不能激发起学生的认知兴趣的时候，认知内驱力就要下降或转移方向。因此，随着年级的升高，学习内容的增加，学习难度的增大，对于大多数学生来说，认知内驱力很难起到持久的激励作用。

认知内驱力呈现下降的趋势。附属内驱力也有着比较明显的年龄特征，附属内驱力是学生学习动机的主要成分。随着学生年龄的增长和独立性的增强，附属内驱力不仅在强度上有所减弱，而且在附属对象上也从家长和教师转移到同伴身上。一般认为，从学生入学开始，学生为赢得名次、等级、自尊而学习的需要愈显重要，因而自我提高内驱力通常是随着年龄的增长而增加的。

（3）动机与学校管理。动机是有效教学中最重要的因素之一。在学校管理中，学生是学习的主体，教师对学生的学习动机起重要作用。所有的学生都是有动机的，但问题在于究竟有什么样的动机，比如某些学生更愿意参加社会活动、玩游戏或看电视，而不太愿意学习。因而，学校管理的任务并不是增强动机本身，而是发现、激发并保持学生的学习动机，使学生从事有利于学习的活动。学生一旦有了学习动机，便会自觉运用高级的认知活动和策略，学习和记忆更多的内容。

第一，激发兴趣。教师应该让学生感受到所学内容的重要性和趣味性，要向学生展示所学内容的用处。在教学时，教师要善于列举与学生日常生活有关的例子，采用不同方式不断激发、保持学生的好奇心。这样才能激起学生对学习内容的好奇，增强学生学习的内部动机。

第二，帮助学生建立目标。一个重要的动机规律是，学习目标是由个体自己设定而非别人强加时，个体通常会付出更多的努力。因此，在设定目标时，教师可以与学生讨论过去所设定目标的达成情况，为设定新的目标提供参考。在讨论过程中，教师要帮助学生设定一个既有挑战性但又现实的目标，这种目标建立的策略能够提高学生的学业成绩和自我效能感。

第三，提供明确及时的反馈。在学校管理中，反馈可以作为一种诱因，通过鼓励学生要努力而成为有效的激励因素。反馈不仅指学生接收的有关自己各种表现的信息，而且指教师获得的有关自己教学效果的信息。要使反馈成为有效的激励因素，它就必须是明确、具体且及时的。

### （二）个性特征与学校管理

个性特征是个体在社会活动中表现出来的比较稳定的成分，包括能力、气质和性格。个性特征在个性结构中并非孤立存在，它受到个性倾向性的制约。例如，能力和性格是在动机、需要等个性倾向性的推动作用下形成、稳定和发展的，同时也依赖于动机和需要等动力机制才能表现出来。个性特征与个性倾向性相互制约、相互作用，从而使个体表现出时间和情境的一贯性。

1. 能力与管理

（1）能力的分类。能力是人成功完成某项活动所必须具备的心理特征，能力要通过活动才能体现出来。需要注意的是，能力并不等同于知识和技能，知识是信息在头脑中的储存，技能是个人掌握的动作方式。解一道数学题时，所用的定义和公式属于知识，解题过程中的思维灵活性和严密性则属于能力。学会骑自行车是一种技能，而掌握该技能的过程中体现出的灵活性、身体平衡性则是一种能力。根据研究角度不同，能力有以下分类。

第一，模仿能力和创造能力。模仿能力是对既有行为模式模仿、复制的能力；创造能力是与发散思维有关的能力，是新的思维组织产生的能力。

第二，流体能力和晶体能力。流体能力是指在信息加工和问题解决过程中所表现出的能力，它较少依赖于文化和知识的内容，而取决于个人的禀赋；晶体能力是指获得语言、数学知识的能力，它决定了后天的学习，与社会文化有密切关系。晶体能力一生一直在发展，25 岁之后发展速度趋缓。

第三，一般能力和特殊能力。一般能力是个体在普遍活动中表现出来的能力，如智力、记忆力等；特殊能力是个体在特殊情况下表现出的能力，如演讲能力、歌唱能力等。

第四，认知能力、操作能力和社交能力。认知能力是指与认知相关的能力，包括记忆、思维、想象等；操作能力是一个人控制肢体运动的能力；社交能力是指人在社会交往中运用的综合社会能力。

（2）学生能力发展与学校管理。学生在自身努力等内部因素和学校家庭等外部因素的共同作用下，各方面能力都得到迅速发展。但由于先天素质和教育条件的差异，学生的能力发展表现出个体差异，主要体现在以下方面。

第一，能力类型的差异。由于内外部条件的差异，学生在一般能力，如观察能力、记忆能力、思维能力等方面有着各自不同的发展特点。在观察能力方面，有的学生善于分析细节，但缺乏整体概括能力，而另一些学生虽然能概括地看待现象，却容易忽视细节；在记忆能力方面，有的学生善于视觉记忆，有的则长于听觉记忆；在思维能力方面，有的学生属于形象思维型，其思维和言语中有较强的形象性和情绪因素，而有的学生属于抽象逻辑思维型，其思维和言语中抽象的逻辑联系占据主导地位。学生在一般能力上的这些差异，使得他们在一些特殊能力上也表现出个体差异。例如，有的学生具有音乐、美术、运动、表演等特殊能力，而有的学生则在阅读、写作、数学、自然科学等学科上显露才能。

第二，能力发展水平的差异。学生在能力发展水平上存在不均衡现象。绝大多数学生的能力发展正常，但有少部分学生的能力发展高于常态，也有少部分学生的能力发展低于常态。这种能力发展水平符合统计学上的正态分布，其特点是，处在中间位置上即中等水平的人数居多，处在极高或者极低这两个极端水平上的人数较少。

在学校管理中，理解这样一种能力分布现象，有两方面的意义：①注意把教育的着眼点放在属于中间能力的大多数学生身上，根据他们的特点进行教育和管理；②能有效地分辨出学生能力发展水平的高、中、低分布，因材施教，促使不同能力水平的学生都能得到充分发展。

第三，能力表现的早晚差异。人的能力表现有早晚的不同。对于学生而言，有些学生能力表现得较早，但也有些学生则表现得较晚，可能处于潜在状态，这就要求教师具有敏锐的目光，具有发掘和培养人才的热情，努力创造条件，使他们的潜能得以充分发挥。

2. 气质与管理

（1）气质的分类。气质是表现在心理活动的强度、速度、灵活性与指向性等方面的一种稳定的心理特征。人的气质差异是先天形成的，受神经系统活动过程的特性所制约。

人体内有四种体液：血液、黏液、黄胆汁和黑胆汁。根据人体内的这四种体液的不同配合比例，将人的气质划分为以下类型。

第一，多血质表现为灵活性高，易于适应环境变化，善于交际，在工作、学习中精力充沛而且效率高；对什么都感兴趣，但情感兴趣易于变化；有些投机取巧，易骄傲，受不了一成不变的生活。

第二，胆汁质表现为精力旺盛，反应迅速，情感体验强烈，情绪发生快而强，易冲动但平息也快，直率爽快，开朗热情，外向，但急躁易怒，往往缺乏自制力，有顽强的拼劲和果敢性，但缺乏耐心。概括起来，以精力旺盛、表里如一、刚强、易感情用事为主要特征，整个心理活动充满着迅速而突变的色彩。

第三，黏液质表现为安静、沉着，反应较慢，思维、言语及行动迟缓、不灵活，不易转移注意。心平气和、不易冲动、态度持重，自我控制能力和持久性较强。情绪不易外露，善于忍耐，具有内倾性。但易因循守旧，不易改变旧习惯去适应新环境。概括起来，以稳重但灵活不足，踏实但有些死板，沉着冷静但缺乏生气为主要特征。

第四，抑郁质表现为高度的情绪易感性，主观上把很弱的刺激当作强刺激来感受，常为微不足道的原因而动感情；行动表现上较为迟缓；人际交往上有些孤僻；遇到困难时优柔寡断，面临危险时极度恐惧。

个体的气质类型可以是四种类型中的一类，也可以同时表现出混合型气质类型，如胆汁—多血质类型，抑郁—黏液质类型等。气质中大部分的稳定成分由遗传决定，而其中大部分的变化则由环境造成。

（2）气质与学校管理。尽管气质相对来说是稳定的，但在外界的影响下，也会有一定的改变。在学校管理中，教师应清楚了解学生的气质特点，认识到气质对学生的影响，进而对不同气质类型学生采用相适应的教育方式和态度，促使学生将气质的长处最大限度发挥，减少气质限制所带来的异常行为的发生。

第一，多血质。多血质学生往往表现为感情发生迅速，但体验不深。在教学管理中，对待这类学生，可以以较为轻松愉悦的态度对待，师生之间以更友好的方式相处。但在具体任务安排时，应严格要求，以提高他们的耐心细致，如分配任务时，可要求他们从简单的事情做起，逐渐提高难度与工作时间，及时检查、给予反馈，帮助他们克服做事虎头蛇尾、华而不实的缺点。另外，可为他们提供更多需要集中思考和用心感受体会的机会，锻炼他们的钻研精神，让他们的注意力更集中，学会更好地控制和表达自己的情绪。在给予他们肯定的同时，不能让他们得意忘形，应让他们总结自己存在的问题与不足，努力改进。

第二，胆汁质。对于胆汁质学生，由于其心理活动和行为方式具有迅速而突变的特点，因此，在教育管理中，教师首先要对这类学生充满耐心，态度上要平静而严格，防止他们养成急躁、不耐烦的性格。在班级工作中，可将要求细心、耐心完成的工作交给他们完成，帮助他们改正急躁、易情绪化等性格特点；适时提醒他们尽量理性地控制自己的情绪；当他们犯错时，不应当众严厉指责，而应等其冷静后以道理服之，给他们更多反思、自检的机会。同时，要经常对这类学生进行检查和鼓励，让他们在学习上更有动力，完成任务时更能坚持、更有毅力。

第三，黏液质。黏液质学生以沉着冷静但缺乏生气为主要特征，这就要求在学校管理中，教师要尽量保持轻松、愉悦、幽默的课堂氛围，鼓励黏液质学生多发言、多与同学接触、多提出自己的新观点。同时，教师应有足够的热情与耐心，引导和鼓励这类学生积极参与课堂课后的各项活动。在活动中，多给予这类学生组织策划、与人交流、发言表演的机会，注意培养其敏锐的反应力、果断的办事作风及集体合作的能力。当这类学生犯错时，不应严厉斥责，应通过耐心细致地讲解进行教育。

第四，抑郁质。抑郁质的学生敏感内向，行动缓慢。针对这类学生，学校管理中的应对措施有：教师态度亲切温和，多鼓励他们参与各项活动并给予帮助，增强他们的适应能力。在耐心启发这类学生思考的同时，也要让他们认识到自己不足的一面。鼓励他们与其他学生多相处交流，为他们提供表演或展示自我的机会，锻炼他们的勇气与信心。当他们犯错误时，应尽量避免公开批评，而应在私下亲切而又耐心地说明其错误所在，鼓励其改正。在批评教育时，不应流露出厌烦情绪，而是更多地给予支持与肯定。

3. 性格与管理

（1）性格与气质的联系与区别。性格是指表现在人对现实的态度和相应的行为方式中比较稳定的、具有核心意义的个性心理特征，它是一种与社会最密切相关的人格特征，包含许多社会道德含义。性格反映了人们对现实和周围世界的态度，并通过行为举止表现出来。

第一，性格与气质是两个不同的概念，但二者存在一定的相互性，主要体现在两个方面：①它们都受到神经类型的影响，但对气质来说，神经类型是其直接的生理基础，而对性格来说，神经类型只是它的生物基础，性格的养成主要受到后天环境的影响；②具有类似气质的个体由于后天环境的变化，可以形成不同的性格。所以，气质具有相对稳定性，而性格却可能发生很大的变化。

第二，性格与气质的主要区别体现在两个方面：①气质反映的是天生的行为方式，其本身并没有好坏之分；而性格是个体在后天环境中形成，具有社会性，因而有好坏之分；②气质由于具有先天性，因而难以改变，但是性格却可以在个体后天的社会经验中不断进行调整和改变。

（2）性格与学校管理。影响学生性格形成和发展的因素十分复杂，其中学校教育管理在学生性格的形成发展中起着重要作用。学校是系统传授知识的场所，也是学生形成正确世界观、养成良好性格的重要场所。其中，校园文化和学校教师对学生良好性格的养成有着重要影响。

第一，校园文化与学生性格。校园文化由精神层面、行为层面和物质层面三方面组成，其中精神层面是核心。

如果校园文化在精神层面只单纯强调应试教育，只以分数为导向，学生势必会出现高分低能，性格上出现不善交往、不会沟通等现象。相反，如果校园文化在精神建设方面可以为学生提供更多发现自己、完善自己和发展自己的机会，那么将有利于学生形成坚强、自信、积极、乐观等诸多良好性格特征。

行为层面则包括教师的品德风范，学生的素质和日常行为表现。教师的行为品德将成为学生学习模仿的典范，进而影响学生性格的发展。这种影响对年龄越小的学生影响会越大，这种影响的方式将会更加内化，如教师的价值取向，处理问题时的情绪表现等，都会对学生性格的形成产生潜移默化的影响。

物质层面主要指学校的硬件设施环境。良好的环境、完善的设施会对学生的心理产生积极影响，有利于学生养成良好的行为习惯，从而促进学生性格的良性发展。校园里的一尊雕塑、一幅壁画、一株花草，只要放置合理，就可以起到艺术熏陶的效果，在思想观念、心理素质、行为方式、价值取向等各方面影响学生，从而塑造学生的良好性格。

第二，教师与学生性格。在学校里，教师是学生最亲近、最尊重的人，教师往往成为学生模仿的榜样，教师的性格也会不知不觉影响到学生性格的形成。作为一名教师，要有崇高的敬业精神，要热爱本职、忠于职守。这样才能用愉快的心情进行教学，才能让学生愉快地参与学习。

教师要为学生树立可仿效的良好榜样，在平时的教育教学中，用积极乐观的态度对待问题可以帮助学生养成乐观的性格；相反，事事埋怨、消极悲观的教师会使学生习得不恰当的处理问题的方式，甚至形成悲观性格。

对个别个性突出的学生，教师要积极进行单独指导。当发现学生犯错时，要深入了解其犯错误的原因及思想动态，注意尊重学生的人格，消除学生恐惧心理及对立情绪，关心、相信学生，循循善诱，动之以情，晓之以理，使之乐于接受教育。另外，还要交给学生解决问题的正确方法，积极引导他们学会寻找问题解决的途径。

学校应创设良好的班集体环境。班级是进行教育、教学的单位，只有营造一种活泼、和谐的班级氛围，尊重学生的主体地位，才能充分调动学生的积极参与意识，培养学生的创新精神，塑造学生的良好性格。

## 二、群体心理与管理

人总是在群体中生活和工作的。读书时归属于某个学校和班级，工作时则归属于某个企业或单位，可以说群体生活是人类最基本的生活方式。群体一旦形成，就有了共同目标，并要遵守相同的群体规范，这时在彼此相互作用的过程中所产生的心理状态、心理特点和心理倾向就构成了群体心理。和其他群体一样，学校群体具有一般群体的心理特征，但又由于学校群体对象的特殊性，因而学校群体也体现出其特有的特点，有着与其他群体不一样的功能。

## （一）群体与学校群体

群体由个体组成，但群体并非个体的简单相加，它是个体的有机组合，具有独特的结构、功能与特点，有着自己形成和发展的规律。对于学生而言，学校群体是其最为常见并参与其中的群体，在这个群体中，学生获得友谊和支持，克服孤独和寂寞。

### 1. 群体及其分类

（1）群体的特点。群体是为了实现某个特定的目标，由两个或两个以上的相互依赖、相互影响的个体，按照一定的方式结合在一起的结合体。群体有以下特点。

第一，群体成员间具有共同的目标。拥有共同的行为目标是维系群体生存的必要条件，为了实现这一目标，群体内部会制定出一系列的行为规范，长期存在的群体往往还形成和发展自己独特的亚文化、价值观、态度倾向和行为方式等。

第二，相互依赖，相互影响。群体成员在心理上有依存感和共同感，并产生相互作用和相互影响。群体成员之间不仅能在生活、学习、工作等方面相互帮助，而且在思想、感情、观念上也趋于一致，个体会对群体产生责任感、荣誉感、自豪感等情感体验。

（2）群体的分类。

第一，正式群体和非正式群体。正式群体是指具有正式社会结构，成员有明确地位与社会角色，并有相应权利与义务的群体，如学校的班级，机关的处室等；非正式群体是指那些自发产生的，没有明确社会角色分化和权利义务规定的群体，往往以共同的利益、观点为基础，以情感联系为纽带，有较强的凝聚力和较高的行为一致性，如同乡会、班级中的朋友群等。人们对非正式群体的选择和参与主要基于个人情感上的喜恶。

第二，初级群体和次级群体。初级群体是指个人直接生活在其中，由面对面互动所形成的、具有亲密人际关系的群体，如家庭、邻居、同伴群体等，初级群体不仅能满足人们的情感需求，而且对个体的社会化起着重要作用；次级群体是指有目的、有组织，有明确社会结构，并按照一定规范建立起来的群体，最常见的是社会组织，如学校、工厂、政府机构等。

第三，隶属群体和参照群体。隶属群体又叫成员群体，是个体实际参加或隶属的群体；参照群体是指个人作为行动标准和指南，加以模仿和效仿的群体。参照群体往往是个人心目中想要加入或理想中的群体，这一群体的价值和规范常常是个人的目标或标准。

### 2. 学校群体

学校群体是由许多小群体、机构或部门组成的大群体。学生的社会化主要通过学生参与的各种群体活动来实现，如班集体活动、学生社团活动，以及学校举行的各种有益于学生社会化和学习发展的活动等。学校群体的功能如下。

（1）教育功能。学校群体与社会中其他群体最显著的区别在于，它具有教育的特定功能。学校群体作为一种教育群体，它所具有的培养和塑造下一代的教育功能是社会中其他任何群体都无法比拟和替代的。在学校这一特定群体中，学生获得了正规、系统的教育，整体素质得以提高。

（2）归属功能。归属功能是指学校群体带给学生情感上的依靠，使群体内各成员在发生相互作用时，行为上表现出协调一致性，彼此体会到大家同属某一群体的情感体验。归属感在一般情况下不一定表现得很强烈，只有当群体受到表扬或奖励、惩罚或攻击时，表现才会增强。通常一名学生会同时隶属于许多不同的群体，如班集体、少先队、足球队、科学兴趣小组等，虽然他会接受这些群体的影响，并会产生一定的归属感，但对其中最主要群体的归属感最为强烈。

（3）认同功能。认同功能是指学校群体能为学生提供知识和信息，使学生对一些事件的看法同学校群体保持一致。学生对学校群体的认同，是其自愿接受群体影响并与之融为一体的心理基础，也是使学校这一群体保持内在整体性的心理基础。群体成员间的认同感还会相互影响，尤其当群体成员对外界情况不明、情绪焦虑不安、判断能力不足时，更容易认同其他成员的观点。

（4）支持功能。当学生的思想、观点、情感和行为方式符合学校群体的规范、期望和利益时，群体就会给予他赞许和鼓励，并支持其行为，从而使他的行为得到强化。群体对其成员的支持作用及程度，取决于两个方面：①群体对成员有一定的吸引力，成员对自己所隶属的群体持肯定的态度，即热爱自己的群体；②个体认为自己所属的群体在社会中有一定的影响、地位和威信，个体希望通过群体来获得支持和肯定。缺乏这两个条件，即使群体要去支持成员的行为，也起不了太大的强化作用。没有一名学生不希望从学校群体中获得肯定、鼓励和支持，而对于学习困难的学生，则更渴望从学校、班级和同学中获得理解和支持，以摆脱困境。

### （二）学校群体心理

学校群体由教职工和学生集结而成。要管理好学校，就要了解学校群体心理，懂得如何运用群体心理中的积极效应去调动群体成员的积极性，进而实现群体目标，同时要注意避免群体心理中消极效应的影响。

1. 社会助长与社会抑制

社会助长是指个体活动效率因群体中其他成员的影响而出现提高的现象。社会助长包括两种情况：①在同他人共同活动时，个体活动效率得到提高，这种现象称为共同活动效应；②当他人在场旁观时，个体活动效率得到提高，这种现象被称为观众效应。

社会抑制是指个体活动效率因为群体中其他成员的影响而受到抑制减弱的现象。

社会助长和社会抑制是相对立的两种心理现象。那么，个体出现社会助长与社会抑制取决于活动的性质和个体技能熟练的程度。一般而言，在复杂的脑力劳动中，群体情境容易对个人有社会抑制作用；在简单的机械活动中，群体情境则对个人有社会助长作用。另外，当一项任务个体掌握得不是很好时，其他人在场往往会降低其成绩，出现社会抑制现象；反之，如果个体已经熟练掌握，则容易出现社会助长效应。

2. 从众与服从

从众是指个体在真实或想象的群体影响和压力下，在知觉、判断、信仰及行为上，表现出与群体中大多数人一致的现象。产生从众的主要原因在于群体压力对个体产生的影响，具体而言，群体的风气、规范等能够形成一种压力，这种压力对个体产生影响，继而使个体出现从众行为。当一名群体成员发现自己的意见与群体中大多数人的意见不一致时，便会感受到压力，并促使他改变个体行为而表现出从众行为。影响从众行为的因素主要包括情境因素和个人因素，当情境中的群体是个体参照群体时，个体就容易在群体压力下产生从众行为；从个人因素来看，如果一个人的智力较差、情绪不稳定或自信心不足时，便更容易表现出从众行为。

服从是指个人按照社会要求、群体规范或他人命令而做出的行为，这种行为是在外界明确要求下而发生的。服从行为一般在两种情况下发生：①在有一定组织的群体规范下的服从，如遵纪守法、维护社会秩序等；②对权威人物命令的服从，如下级服从上级、一切行动听指挥等。

从众和服从的区别在于：从众不是对群体规章制度的服从，而是对社会舆论或群体众人执行规范所形成的压力的随从。服从则是被动的、无条件的，无论个体是否理解都得服从。

3. 群体极化与去个性化

群体极化，是指个体参与群体讨论时，由于受到群体气氛的影响，出现支持极端化决策的心理倾向。群体极化具有双重意义：①从积极的一面来看，它能促进群体意见一致，增强群体凝聚力和群体行为；②从消极的一面来看，它会使错误的判断和决定更趋极端。

去个性化，是指个人在群体压力和群体意识影响下，感到自己被淹没在群体之中，丧失了个人身份和责任感，从而产生一些个人单独活动时不会出现的行为。

# 第五章　学校管理的精细化策略

## 第一节　精细化管理与学校的精细化管理

### 一、精细化管理的特质

“精细化管理是源于20世纪50年代日本的一种企业管理理念，它是社会分工以及服务质量的精细化对现代管理的必然要求，是一种以最大限度地减少管理所占用的资源和降低管理成本为主要目标的管理方式。”[①] 精细化管理的核心理念，主要由求精、求细、求准、求严、求新等内容构成。

#### （一）求精

求精，是指精细化管理追求的完美境界和目标。“精”具有完美和美好的本义，在精细化管理的过程中，我们可以理解为追求产品的精美、服务的精到、管理者的精心、管理效果的精益求精。求精是精细化管理在管理理念方面的基本内涵和主要特征，没有求精的意识和态度就不可能有精细化管理。

#### （二）求细

求细，是指精细化管理在管理的过程中对细节的注重和追求。“细”具有仔细、细微、周密的本义。精细化管理追求的是把工作做细，把管理做细。具体而言就是把目标计划、衔接协调、控制监督细化，将工作标准、工作流程细化，把管理过程的一切要素细化到不能再细和不需要再细的程度。当然，在细化的过程中要把握关键环节，要分清轻重主次、核心内容和关键部位，做到细而不乱，细而不烦，细而能行。求细是精细化管理的关键，没有对细节的追求和实施，就不可能实现真正的精细化管理。

---

① 李本松．学校精细化管理的再思考［J］．教学与管理（中学版），2010（2）：9．

### （三）求准

求准，是精细化管理追求精准的体现。“准”具有准确和准时的本义。在管理的过程中，要使活动的结果完全实现管理和生产的预期，要确保决策的及时和正确，精细化管理就要求信息情报要准确无误。比如：领导层的决策计划要准确，上下级之间的指令传递和接受要准确，各种统计数据要准确，工作时间、工作环节的衔接时间要准确，协议、约定、默契的时间、数量、质量要准确。求准是精细化管理的前提，准确是数据、时间、数量、质量等各种管理要素的生命和根本。

### （四）求严

求严，是精细化管理得以实现的前提条件。“严”具有严格和严密的含义。在管理的过程中严就是细。“严”主要体现在执行和控制的过程中，如要求严格，标准严细，执行严肃，控制严密等。“严”是精细的理念、细化的标准、准确的决策等实现的条件。无论在企业或机关事业单位，没有严格的制度、严格的执行和控制，一切精细化的方案都会落空。所以，细离不开严，细需要严。

### （五）求新

求新，是精细化管理在管理过程中不断创新的表现。“新”就是创新，在一个组织里面，精细化管理是一个自上而下的积极引导和自下而上的自觉响应的常态式管理模式，它不是一场运动，不是一蹴而就的，而是一个永续精进的过程。在这样一个没有终结的过程中，精细化管理是以持续的自我改进为特征的。一方面，精细化管理在实施的过程中需要制定一系列规范化、标准化、系统化、精益化的制度；另一方面，经过实施的一系列规章、制度、标准等，随着时间、环境等条件的变化而需要不断修正，实施的过程就是创新的过程。因为精细化管理没有固定的管理模式，它需要管理者从实践经验和过程中不断地总结和提升。求新是精细化管理的一个重要特征，没有求新的意识和精神，精细化管理在实施的过程中就会走向形式，走向一场单一的“运动”，就会浅尝辄止，达不到精细化管理的效果。

## 二、学校的精细化管理

“学校精细化管理是注重管理过程和管理细节，实施精确计划、精确决策、精确控制、精确考核的一种科学管理模式。"[1] 学校精细化管理是教育界近年来把精细化管理运用于学校管理的新举措。

## （一）学校精细化管理的内涵

精细化管理理念最早出现在发达国家制造行业，如汽车、家用电器等产业中，企业通过精细化管理优化其生产流程、管理流程。由于企业通过精细化管理的特殊作用，后来被广泛应用于其他领域。精细化管理是一个先进的管理理念，涉及效率观、成本观和科学发展观。

学校精细化管理是建立在学校常规管理的基础上，不断提升学校常规管理水平，将管理工作做精做细的思想作风贯彻到学校组织所有管理环节的一种科学而有效的管理模式和理念。具体而言，就是通过管理的计划、组织、控制、领导等工作流程，在学校的行政管理、师资管理、学生管理、教学流程、后勤保障、基础建设等方面，对细节进行合理的"分解"和将行为规范标准化，进而有序地、按部就班地实施管理，从而达到一种滴水不漏的管理境界，实现管理的无隙化对接。学校实施精细化管理的重要方面就是制定一系列规章制度和工作流程，使学校工作有规章可循，有制度可依，以达到将先进理念行为化，将优秀行为标准化，将标准行为程序化。

## （二）学校精细化管理的必要性

学校的精细化管理，既是教育大环境所决定的，也是学校自身发展的客观要求所决定的。学校的精细化管理体现教育发展的特有的规律。学校管理虽不完全等同于企业管理，但学校管理又和企业管理有着很多相同的地方。精细化管理作为一种先进的管理理念和系统工作方法，有助于提升学校品质和学校追求全面、协调、可持续发展。

首先，实行精细化管理是落实科学发展观的需要。以往的学校管理，虽然制定了不少规章制度，但各种规章制度比较分散，互不衔接，这种状况下的管理，"人治"的成分比较多，依靠完善制度系统化的管理较少。而学校进行精细化管理，就是在科学地认识学校管理规律的基础上，科学地运用学校管理规律开展学校管理工作，达到教书育人的目的。

其次，实行精细化管理是提高学校生命力的客观要求。随着改革开放不断深入和发展，教育资源均等化的实施，学校要取得广阔的发展空间，体现本校的办学特色，以往的

---

① 刘诗雄，宋秀国．论学校精细化管理［J］．中国教育学刊，2009（9）：43.

粗放式管理显然不能适应新的形势，这在客观上要求学校管理必须转型，由外控式向内涵式发展。为了赢得学校发展空间，体现办学特色，学校必须改变粗放式的管理模式，逐渐实现向精细化管理的过渡。

最后，实行精细化管理是学校制度建设的内在要求。制度前进一小步，管理前进一大步。任何一个集体、一个组织、一个社会的管理都离不开制度，尤其离不开制度约束下的行为规范。学校管理要上一个新的台阶，在很大程度上取决于制度的创新。学校内部存在不同的管理部门和责任部门，教师与教师之间也存在不同的学科背景和不同的专业分工。随着学校部门分工越来越细，专业化程度越来越高，建立在专业分工基础上的管理向精细化管理发展也就成了大势所趋。

实行精细化管理是学校追求卓越的必然要求。卓越也就是比优秀更好。学校追求特色化管理、追求学校卓越的践行过程，在很大程度上就是从不断注意若干细节达到整体完美的过程，从不自觉到自觉的过程。任何卓越的表现都是建立在不断追求细节以达到整体完美的基础上的。如：教学工作、班级管理工作、财务工作、安全工作、学校文化建设等都要求精细化管理。精细化管理着眼于细节，落实到行为，转变为思想，提升为文化。

### （三）学校精细化管理的总体规划

#### 1. 明确办学目标

学校办学目标是在教育方针的指导下，学校根据所处地区的经济文化发展需求，结合自身设备设施、师资力量等实际情况，制定的学校教育教学中长期工作目标。好的学校办学目标对学校工作有导向性，对全体教职工教育教学活动有激励性，使学校发展有明确的方向，使教师工作有动力。

（1）适应性原则。在制定学校办学目标前，学校首先要了解所处社区及周边社区的基本情况，其次还要了解社区对教育的需求水平，根据掌握的资料作出适当的规划，使学校既能满足社会现阶段的需求，又能适应未来社会经济文化发展需求。

学校制定的办学目标不能脱离社会经济文化需求水平，否则学校就会由于失去社会的认可而无法维持。

（2）最大限度发挥自身潜力。只有在从事难易适度的学习和工作活动时，人的积极性才会最高。学校工作目标的实现最终依靠的是学校全体教职工。因此，学校的办学目标要有一定的高度和难度，在实现办学目标的过程中，才能充分调动全体教职工的积极性，让全体教职工最大限度地发挥自身潜力，合理高效地运用学校现有教学资源，把学校办学水平、办学效益提高到学校在一定时期内所能达到的最高水平；办学目标制定得太低，不费多大劲就能实现的或办学目标制定得太高，学校长时期不能实现乃至根本无法实现的，都不利于调动教职工的工作积极性，不能使学校的办学效益得到最大限度的提高，失去了制定办学目标的意义。

(3) 同一性原则。学校办学目标应是学校全体教职工共同奋斗目标，该目标要能统率学校全体教职工的思想和行动。并且在这个目标的统率下，全体教职工的思想认识一致，能自觉地把个人发展目标同学校办学目标协调起来，使教职工在为学校办学目标奋斗的同时自身也得到发展。

学校在制定办学目标时，从最初方案的提出到最终方案的形成，可以采用座谈、讨论等方式，通过教代会、工会、党支部、团支部、行政会等组织，让全体教职工充分参与，充分发表个人意见。教职工亲自参与制定办学目标的过程，实际上就是教职工思想认识与学校办学目标反复协调、对学校办学目标不断加深认识的过程。

经历了这个过程，教职工就能深刻理解学校办学目标的内涵，并让个人发展目标与学校办学目标保持一致，自觉地为实现学校办学目标努力工作。

在制定学校的办学目标过程中，教职工要充分参与，要对学校现有条件有充分的了解，清楚实现学校办学目标的有利条件，同时也要充分认识到实现学校办学目标的困难。这样，教师在工作中才能针对学校实际，发挥优势，克服困难，找到实现学校办学目标的途径和方法。

### 2. 实施和谐管理

现代教育以培养学生具有创新能力和实践能力的素质教育为核心。是通过人、财、物的和谐配置，制度管理与情感管理的有机结合，教育教学资源的和谐利用等，来达到管与理的和谐共振，从而实现教育的和谐发展，培养高素质的现代人才，提升现代学校的办学水平。

(1) 以和谐教育的管理理念为目标。人在身心各方面都存在着和谐发展的因素。教育就是要使人的各种因素真正得到和谐发展，从而实现个体与社会的和谐。作为学校管理者，就是要把这种教育的和谐，把以人为本的和谐管理理念，把学校、教师、学生的和谐发展，作为学校的管理目标。为了实现目标，学校就必须规定任务，明确职责。有了目标，学校管理者就能及时指导、检查、考核评价和控制教学行为；教师明确了方向，就能制订工作计划，安排教学步骤，从而使学校各项工作有条不紊地开展，教育教学管理井然有序。

（2）落实和谐发展的管理制度。任何一项管理，都要有制度的保障来实施，学校的管理尤其如此。所以，学校的各项规章制度的及时制定，不断完善，是确保师生按照学校的规定有序地开展工作和学习的必要条件。

（3）追求人文关怀与情感管理。人是一个最大的变数，只有充分挖掘人的潜力，才能达到管理效率的最大化。因此，任何组织都不能忽略对人的管理。

人类有五种基本需要。在各级需要依次得到满足的基础上，就会产生新的更高一级的需要。教师有着实现更高层次的愿望和需要，有着为实现更高层次愿望而蕴藏的潜力。因此，学校管理者应注重人文关怀，加强情感管理，以此来激发教师的工作积极性和主观能动性，挖掘教师的潜能，提高工作效率，满足他们实现更高层次的需要。同时，学校管理有着很强的专业知识，有着很大的自由发挥的空间，这一切都需要教师有较强的自觉性、较高的教育教学水平、饱满的工作热情和认真负责的工作态度。

学校应关心教师的身心健康，创设宽松和谐的工作氛围，提供舒适的生活环境，重视教师专业成长，通过职位升迁、激励机制、优质福利等方法承认教师的工作成果，使教师富有成就感和使命感。

管理者应淡化行政意识，增强服务意识、民主观念，既要充分调动群体的积极性，鼓励教师参与管理，又要有强烈的责任心，乐于服务，乐于奉献，建立和谐的人际关系，促使教师以饱满的热情投入工作，从而达到工作效率的最大化。

3．打造校园文化

学校文化是学校所特有的文化现象，是以师生价值观为核心和承载这些价值的活动形式和物质形态。它包括学校的教育目标、校园环境、校园思潮、校风学风及以学校教育为特点的文化生活、教育设施、学生社团组织、学校的传统习惯、制度规范、人财物的管理等内容。其中，最核心的内容是指学校在长期办学过程中所形成的共同的价值观念。例如，经济时代的学校，教职工因共同的利益而走到一起；文化时代的学校，教职工因共同的文化理念走到一起，没有精神的共同性，就没有利益的共同性。为了获得利益而牺牲精神的追求，使精神痛苦而利益满足的学校，已不具有吸引人的魅力。

学校发展靠文化导向，学校经营靠文化协调，学校活力靠文化启动，学校吸引家长的形象更要靠文化来塑造，学校文化在学校管理中居于主导地位。

（1）打造校园文化要持之以恒。经营学校文化，没有立竿见影的办法。文化是通过长时间的作用后，才能实现对人的规范作用和支配作用。一个通知颁布，两个会议的发动，是没有效果的。短时间突击的办法，搞运动的办法，硬性推广的办法，只能适得其反。校长只有坚持不懈地、不间断地对学校办学理念进行超文化的积累，才能使学校文化最终成为教职员工的信仰，最终陶冶出集体的性格。

（2）将校园文化渗透至活动中。经营学校文化，要无所不在地，事事处处把学校文化渗透到学校活动的一切场所、一切事件中。使学校文化处处存在、处处作用于师生员工，使其无处不接受学校文化的指令，在学校活动范围内，无处不感染学校文化的氛围。长此以往，在无形中就营造出文化场和文化力，使教职工受到文化渗透作用和改进作用，使客体文化就会向主体文化转化。

（3）学校文化与行为共同经营。经营学校文化，要把行为和理念密切结合，使行为成为管理的传达形式。使理念统率行为，使学校管理行为规范化、模式化。把规范化、模式化的行为长期坚持下去，推广到学校一切教职工中去，让行为模式由简单的模仿到顺化、到认同、到内化。

（4）经营校园文化应遵循客观规律。经营学校文化，校长的办学理念必须符合客观规律，必须与教职工的切身利益结合，做到以利益的落实和扩大为载体。以管理决策的正确性为保证，以校长对理念的一贯忠诚为示范。只有这样才能在共同孕育学校文化的过程中形成一种具有持久的影响力的“学校行为场”。

# 第二节　学校教学与管理者的精细化管理

## 一、学校教学的精细化管理

教学是学校的灵魂，学校教学的规范化，精细化管理是提高教育教学水平的重要途径，全面实施素质教育，提高学生的思维能力，让学生在快乐中成长。

### （一）学校教师的精细化管理

#### 1. 职业道德

教师职业道德简称“师德”，是教师和一切教育工作者在从事教育活动中必须遵循的道德规范，是教师行业特殊的道德品质和行为准则的总要求，是社会职业道德的有机组成部分。教师职业道德从道义上规定了教师在教育过程中以什么样的思想、感情、态度和作风去待人接物，处理问题，做好工作，为社会尽职尽责。教师职业道德还是调整教师与教师、教师与学生、教师与学校领导、教师与学生家长以及教师与社会其他方面关系的行为准则，是一般社会道德在教师职业中的特殊体现。教师职业道德包爱国守法、爱岗敬业、关爱学生、教书育人、为人师表、终身学习等方面。

（1）爱国守法。热爱祖国是每个公民，也是每个教师的神圣职责和义务。建设社会主义制度国家是我国现代化建设的重要目标。要实现这一目标，需要每个社会成员知法守法，用法律来规范自己的行为，不做法律禁止的事情。教师是学生的表率，教师要树立较强的法律意识，带头学法、守法，在平时的教学过程中把爱国守法的思想潜移默化的传授给学生，让爱国守法的意识在学生心里扎根发芽。

衡量一位教师是否具有爱国主义的思想政治素质，关键要看他能否表现出对教育事业的责任感和使命感，看他是否把自己的一切无私地献给他所热爱的工作和学生，不为名，不为利，不计较个人得失，一心扑在教育事业上，把培育祖国的下一代当成自己义不容辞的天职，忠于职守，遵纪守法，埋头苦干，为国尽力，为民造福，为祖国的教育事业做出贡献。

（2）爱岗敬业。热爱教育、献身教育是教育事业对教师师德的根本要求。教师能否出色地履行自己的职责和义务，不仅取决于他的知识和才能，更多地取决于对教育事业的态度和情感。教师只有热爱教育工作，毫无保留地把自己的全部知识和才能贡献给教育事业，才能把工作做好。

爱岗敬业是教师职业精神的起点，制约和影响着其他一系列原则和规范的实施，只有做到这一点，才能不断地更新和丰富自己的教育教学知识和技能。教师必须正确处理好教育事业与个人利益之间的关系，在目前这两方面冲突的情况下，既需要外部的努力，更需要依靠教师自身正确认识和处理这两方面的关系。因此，教师应始终牢记自己的神圣职责，志存高远，自觉地将自己的全部精力和感情投入教育事业，才能在追求社会价值的过程中找到个人的幸福和欢乐，实现人生的真正价值。

新课程对教师爱岗敬业的要求与以往有很多、很大的不同。每位教师都要不断加强自身的师德修养，树立科学的教育理念，做到爱职业、乐奉献，真正成为新时期合格的、优秀的人民教师。

（3）热爱学生。热爱学生是教师的神圣职责，热爱学生是建立民主、平等、和谐师生关系的基础。热爱学生包括尊重学生、理解学生、信任学生、关心学生、对学生寄予期望等方面。教师必须关心爱护全体学生，尊重学生人格，平等公正地对待每一位学生。对学生严慈相济，做学生的良师益友。保护学生安全，关心学生身心健康，维护学生权益，促进学生全面发展。

（4）教书育人。教书育人，是指教师既要向学生传授科学文化知识，又要培养学生良好的思想品质和良好的生活学习习惯，这两个方面密不可分地联系在一起，它们都是教师的神圣职责。教师必须充分认识到教书育人的系统性和复杂性，加强育人的自觉性。教师要结合学生的思想特点，遵循教育规律和学生发育成长的规律，在课堂教学中，把向学生传授科学文化知识和技能与进行思想品德教育结合起来，这是教书育人的重要途径和艺术。同时，要充分利用课外活动对学生进行思想品德教育，培养学生良好品行，激发学生创新精神，促进学生全面发展，不以分数作为评价学生的唯一标准。

（5）为人师表。教师的行为往往是学生行为的先导。教师只有以身作则、为人师表，才能培养学生高尚的思想品德和良好的行为习惯。教师在日常教育教学活动中，处处用高尚的思想和道德严格要求自己，才能树立威信，才能使自己的一言一行成为学生的表率。

（6）终身学习。终身学习是时代发展的要求，是教师专业发展的基石。在教师的专业生涯里，必须树立终身学习的思想，并且把学习作为一种生活方式，持续不断地学习和研讨教育科学理论知识、专业知识，扩大知识面，充分利用现代信息技术和方法，提高教育教学的效率。注重在教学实践中、理论探讨中、科学研究中和教学反思中学习，不断更新知识结构和教育观念，勇于探索创新，拓宽知识视野，不断提高专业素养和教育教学水平。

2. 能力素养

所谓“素养”即经常修习的涵养。教师的能力素养又称专业素养，是指教师能够顺利从事教育教学活动的基本品质和基本能力，是教师专业性知识、专业能力和专业精神的具体体现。

（1）了解学生的能力。教师的教育对象是学生，教师要了解学生，就依据学生的年龄和行为特点进行分析，在分析的基础上对学生进行针对性的指导，达到因材施教的目的。

第一，分析学生的智力特点。通过学习情况、考试成绩、作业情况、课堂表现等方面，对学生的智力情况进行综合分析，全面掌握每位学生的智力特点，了解班级学生的整体智力水平，根据学科特点制订科学的教学计划，采取有效的教学方法，让智力发育好的学生能够吃得饱，让智力发育慢的同学能够吃得了，全面提升班级的学生成绩。

第二，分析学生心理发展和认知发展。教师必须了解学生心理和认知发展的规律，掌握优化学生心理发展和当代教育关系的方法，使学生的发展与教育融合到最佳状态，是教师当前工作的重中之重。

第三，分析学生成长的环境条件。每位学生成长环境是不相同的，因此，对学习的认识态度也不同，从而影响学生的在学校里各种表现。因此，教师应全面了解和认识学生，有针对性地开展教育教学。

第四，分析学生的需求特点。每位学生的需求是不相同的，因此，学生学习的动机也不相同。教师必须分析学生的需求满足程度与学业成绩的关系，在教学过程中进行以提高学生需求为出发点的教学设计，从而满足学生的需求，激发学生学习的动力。总之，教师要自觉地了解学生的需求，主动满足学生的合理需求，以激发学生的学习动机，提高教学效能。

（2）驾驭教材的能力。正确理解教材、熟练驾驭教材是教学的基本能力，是提高教学质量的基础。教学是学校的中心工作，课堂教学是落实素质教育、提高教学质量的主渠道、主阵地，而教材是承载人类文化信息的载体，是教师向学生传递人类文化的工具，是开发学生智力、培养学生能力的媒介。

教师必须钻研教材。钻研教材是教师的基本素养，是教师专业发展的一个重要指标。在钻研教材的同时要研读大纲，要挖掘研究针对教材的某处难点、疑点、动情点、美点等，品味思索，咀嚼推敲，求得更深层次的理解。

教师必须正确地理解教材、熟练地驾驭教材，把握教材的精神实质。教师对教材内容的呈现进行精心设计和加工，通过教学实践，体现教学丰富内容，体现思维过程和思想方法。

教师必须把握好教材。在把握课程标准的同时，要从教材的知识体系、能力体系和价值体系三个层面把握好教材。具体来说就是把握好知识点、生长点、重点、难点和关键点。只有这样才能在教学过程中得心应手地运用好教材，更好地引领和指导学生，提高教学的效率。

（3）组织教学的能力。任何一节课都离不开组织教学。教师能否把课堂教学组织好，直接影响着教学工作能否正常有序地进行，教学计划能否有效地实施以及课堂教学质量的高低。组织教学能力是教师从事教学活动的重要能力，是教师能否出色完成教学工作的关键。

第一，教师要编写好教案。为提高课堂教学效率，教师在授课前要做好“备书、备人、备法、备物”的“四备”工作。更重要的是教师要编写制订严谨切实的授课计划，即一节课的教案。

第二，讲好课。讲好课是教师组织好课堂教学的根本。一节经科学严密组织的好课，必须将教与学有机统一起来，并充分发挥这两方面的积极因素。

第三，驾驭好课堂。组织教学贯穿课堂教学全程，要求教师有效控制课堂教学的各个环节，正确驾驭课堂形势。关键在于教师授课的常规要求，善于启发学生尤其是后进生自我约束能力，严格整顿课堂纪律，防止克服不良现象，建立良好课堂秩序，保证课堂教学正常有序。

第四，随机应变。课堂上有时会出现“突发事件”，干扰课前的教学设想，打乱原来制订的教学计划，使教师不能按照教学计划完成教学任务，这就要求教师具有随机应变的能力，果断处置“突发事件”，把课堂引导到正常的教学计划上来。

（4）语言表达的能力。语言是人类最重要的交际工具、思维工具和信息载体。教师在教书育人的全部过程中，也是以语言为主要媒介的。教师在教学语境中创造性地运用语言技巧所产生吸引力、渗透力和感染力，会激发学生的学习积极性和主动精神。可以说，教师的语言修养本身就是教育感化能力。语言表达能力的强弱直接关系到教育、教学工作的成败，它对于学生语言能力的培养、智力的发展、思想觉悟的提高具有直接或间接的影响。这就要求教师的语言不仅要简洁、生动、准确、清晰、通俗，而且还要富有一定的情感性、幽默性、节奏性和穿透力等。

（5）现代教育技术能力。教师具有的现代教育技术能力是教育信息化的基础。新的教学模式的形成发展，同教师的现代教育技术能力密切相关。学会使用局域网、广域网和国际互联网，应用多媒体，学会电子备课已经成为现代教师必须具备的基本功，掌握应用远程教育系统将成为优秀教师的新的技能。因此，教师要增强教育信息化意识，有步骤地掌握基础信息技术和现代远程教育技术，有效地提高教师的现代教育技术能力。

（6）教育科研的能力。随着教育教学改革的不断深化和教育科研地位的有效提升，在“科研促教、科研兴教”的氛围下，教育科研是教育教学改革与发展的推动力，是广大教育工作者提升自身素养的原动力，是提高教育教学质量的丰富汲养源。因此，增强教师教育科研能力，是提高教育教学质量的基础。

3. 文化素养

文化素养指教师在文化方面所具有的较为稳定的、内在的基本品质，表明教师在这些知识及与之相适应的能力行为、情感等综合发展的质量、水平和个性特点。文化素养不仅仅是科学技术方面的知识，更多的是指所接受的人文社科类的知识，包括哲学、历史、文学、社会学等方面的知识。这些知识通过教师在教学过程中的语言或文字的表达体现出来，通过举手投足反映出来的综合气质或整体素养。文化素养的核心是世界观、价值观和人生观。只有教师具有正确的世界观、价值观和人生观，才能培养好学生。

（1）人文素养。人文是指人类社会的各种文化现象，素养是指平日的修养。人文素养是指含蕴哲学、语言、文学、艺术、历史等人类社会文化知识而形成的文化素养与修养，是一个人精神风貌和内在精神气质的综合表现。教师人文素养包括教师人文素养的哲学意蕴、人文知识、人文态度、人文精神等。

（2）科学素养。科学素养，包括自然科学知识（含技术）素养、科学文化素养与科学精神素养三个方面。具体地说，包括了科学知识、科学能力、科学方法、科学意识和科学品质，对于个人而言，包括科学兴趣、情感、动机等个性化因素。就学科属性而言，科学素养主要包括数学素养、生命科学素养（生物学）、物质科学素养（物理学、化学）、地球与宇宙科学素养（地学、天文学）。目前广大教师中普遍存在着科学观严重缺失、科学知能普遍不足、科学行为明显滞后的现象。新时期要求教师要具备跨学科融合的知识结构，以使用统一的科学概念去联系或融合多门学科的基本原理和方法，引导学生从综合的角度去认识自然，提高综合解决问题的能力。

（3）审美素养。审美素养表现为人们对事物的先天认知的基础上，通过后天的开发、学习和培养而习得对美的形象的体验、感悟、想象与创新，最终形成一种相对稳定而可变化的心理品质。教师的审美素养基本内容如下。

第一，道德美，即审美的态度和价值观。

第二，智慧美，即审美的知识和技能。

第三，情感美，即审美的情绪和情感。

第四，时空美，即审美的过程和方法。

教师教学本身就是一门艺术，它需要教师以审美的眼光来对待教学过程中的每个方面，需要以审美的眼光对待每一位学生。

（4）哲学素养。哲学素养，是教师关于教育工作的基本信念和理想，是教师自觉运用哲学来探讨教育的理念和实践的一种综合性素质和修养。具体的说教师的哲学素养是指在教育教学过程中借助哲学研究的成果，来研究教育领域的问题，从哲学的高度、角度和方式方法来解释教育现象，思考教育问题的能力。教师个人教育哲学素养属于一种职业性、专业性的素养，对教师具有重要意义。

哲学情感坚定教师的教育信念，哲学意识优化教师的思维品质，哲学方法激发教师的教育智慧，哲学境界提高教师的人文素养，而且教师哲学素养的综合性，更使教师的各种素养在教育哲学素养的整合下，更趋合理和完善，使教师的整体素质得以提高。

## （二）学校学生的精细化管理

学生是在学校或其他地方接受教育的人。学生既是教育的对象，又是学习的主体，是在教师的指导下，以学习为主要任务的教育对象。学生精细化管理的目的是使其具有良好的学习习惯，较强的自主管理、独立生活、明辨是非、自觉抵制各种不良现象的能力。依法保护学生，用正确的标准评价学生，多种形式激励学生，使学生愉快地学习，健康地成长，也是学生精细化管理研究的范围。

### 1. 德育工作

学生的思想道德教育简称德育。德育是指教育者按照一定的社会或阶级的要求，对学生进行思想、政治和道德的教育，即对学生品德的教育。德育是做人的根本，对学生健全人格，健康成长至关重要。德育是学校教育的重要组成部分，是素质教育的前提和灵魂。学生时期是人格塑造，世界观、人生观、价值观形成的关键时期，德育工作的成效如何，直接关系到学校人才培养的质量，间接影响到整个民族的素质。德育工作的成效取决于德育工作的管理水平，因此加强德育工作的精细化管理，提高德育工作的管理水平，对于提高德育工作效能意义重大。

（1）确立德育主导地位。在学校教育体系中，德育具有基础性、方向性和主导性的作用，在教育过程中处于主导性地位。严格德育考核机制，提高德育的考核权重，把考核结果纳入学校和教师的工作绩效。在充分发挥德育育人作用的同时，要处理好德育和其他各育的关系，促进学生全面发展。

（2）加强德育课程建设。德育课程是学校课程的重要组成部分，通过德育课程，学校可以有效引导学生对德育目标的思考与体验，为学生创造一种道德情景，使其承担不同的社会角色，从而获得道德的发展，形成健全的人格。通过理论学习与实践活动相结合，集中学习与学生自学相结合，教师讲座与学生研究相结合，社会实践与调查，召开主题班会、德育活动、社团、观摩、主题研究与交流、播放影像资料等形式，让学生在课程学习中受到教育和启发。

（3）加强学校文化建设。学校文化成为内化学生思想品德的中介，起到的是不自觉、无意识、潜移默化、润物细无声的影响，它渗透在学校生活的各个层面，是物质与精神、有形与无形、动态与静态的统一体。学校文化，在“无言、无求、无形”的潜移默化中使学生受到感染，自觉地产生归属感、认同感和使命感，真正实现文化育人的目的。

（4）开展多样德育活动。德育除思想政治和品德教育外，还有很多形式。教育类包括班会、开学典礼、国旗下讲话、形势报告会、党团队课等，活动类包括军训、劳动值周班、合唱节、艺术节、科技节、体育节、运动会、学生夏令营、寻根活动、“五四”表彰会等。另外还有社区服务、社会实践、参观、访问等。把这些活动整合、优化，实施中强调计划、目标、时间、组织保证，就能起到很好的德育作用。

（5）提高德育渗透水平。加强学科德育渗透是学校实施全员育人的重要措施，也是教师履行教书育人的一个重要体现。各学科根据本学科和学生特点，找准德育渗透点，按照有意、有序的原则，对学生进行相应的学科德育渗透。

2. 自身习惯

（1）行为习惯。学生行为习惯的教育又称养成教育。学生行为习惯必须从小抓起，必须从现在抓起。学生行为习惯的精细化管理就是根据学生的特点，把行为习惯管理进行细化、量化和人文化管理，把学生行为习惯管理的每个细节落到实处，让学生的行为习惯规范有人管理，目的是培养学生的行为习惯规范和良好行为习惯的形成，更深层次的作用是提高国民素养和公民的文明程度。

（2）学习习惯。良好的学习习惯是一种高度自觉和持久的学习行为，是一个人学习品行的一部分。良好的学习习惯在一个人成长中有多方面的作用，它是学生获得知识的重要途径，是学生智力发展的桥梁，也是培养学生创新精神的重要手段。学生养成良好的学习习惯，就能把精力集中在学习活动的最重要方面，提高学习效果，有利于学生健康地发育成长。因此，好的学习习惯能减轻学生的身心负担，能避免注意力分散，使意志专注于学习之上，因而极大地提高学习效果。

3. 心理健康

学生心理健康是指与其生理、认知、情感、意志和自我意识等相对应的正常心理状态。对于学生来说心理健康是指智力正常、情绪稳定、反应适度、人际关系和谐、心理和行为符合年龄特征和适应学习生活等方面。

学生心理健康教育是学校管理工作的一项重要内容，它对学生的成长起着决定性的作用。根据不同年龄的学生，按照心理健康的标准，以科学有效的心理健康教育方法，通过行为规范、系统的心理训练，使学生形成一种稳定、持续的积极适应的心理状态，较好地适应客观环境，塑造学生健全的人格，促进学生的全面发展。

### （三）教学工作的精细化管理

实施精细化管理是教学管理深化改革的要求，也是管理水平提升的必然选择。通过教学精细化管理，旨在规范教学工作，提高教学质量，发展素质教育，减轻学生的学业负担，让每一位学生快乐地成长。

1. 课程教学

课程是学生所应学习的学科总和及其进程与安排。广义的课程是指学校为实现培养目标而选择的教育内容及其进程的总和，它包括学校教师所教授的各门学科和有目的、有计划的教育活动；狭义的课程是指某一门学科。课程即教材。课程内容历来被作为要学生习得的知识来对待，而知识的传递是以教材为依据的。

教育部颁发的课程标准、课程计划是学校施教的行动纲领，学校必须严格按照教育部颁发的课程标准、课时计划和教学内容，开全课程，开足课时，确保各学科有足够的专职教师任课，并根据本地特色和学校实际开发校本课程，满足教学需要。

2. 教学常规

教学工作是教师教和学生学的活动，通过这种活动，教师有目的、有计划地组织引导学生，积极自觉地学习和加速掌握文化科学基础知识和基本技能，促进学生全面素质提高。教学工作是学校管理的中心工作，加强教学工作的精细管理，提高教师教学效果，是学校管理工作的重点。

（1）教学工作计划。教学工作计划是指在一定时期内，根据教学大纲、教材和学生实际情况制订的本学科教学工作进度和目标任务，也称为教学进度计划。制订教学计划是教师备课工作的一个重要方面，在学年、学期初对全学年、全学期的教学工作做出一个完整、全面的计划，对保证教学工作有条不紊地开展和提高教学质量有很大的作用。教学工作计划包括学年教学工作计划、学期教学工作计划（也称教学进度）、单元教学工作计划和课时计划（教案）等。学年计划和学期计划一般由学校统一制订，单元计划和课时计划一般在教研组（备课组）的领导下，由教师制订。

（2）备课。备课，是教师按照教学计划的进度，根据学科课程标准的要求和本门课程的特点，结合学生的具体情况，选择最合适的表达方法和顺序，以保证学生有效地学习。备课实际是编写教案和熟悉教案的过程，分为个人备课和集体备课两种。个人备课是教师自己钻研学科课程标准和教材的活动。集体备课是由相同学科和相同年级的教师共同钻研教材，解决教材的重点、难点和教学方法等问题的活动。备好课是上好课的前提。对教师而言，备好课可以加强教学的计划性和针对性，有利于教师充分发挥主导作用。

（3）上课。上课是指教师在学校里讲课或学生听教师讲课、学生获得知识的多向交流和互动过程。上课是教师整个教学工作的中心环节，是教师的基本功，通过上课教师把自己掌握的知识和教科书上的知识传授给学生，让学生经过记忆、练习、复习、消化吸收变成自己的知识。上课的主要形式有教师讲授、学生探究、质疑、提问、消化吸收和训练等。

因此，教师上课是整个教学工作的关键环节，教师要在教学过程中，加强锻炼，不断增强自身的上课能力，不断提高上课水平，把复杂的问题、难以理解的知识点，化作简单的东西，让学生一学就会，一听就懂。掌握课堂的主动性，把机智、幽默和激情贯穿于课堂教学的始终，让学生在轻松愉快中完成教学任务，在欢声笑语中掌握知识。

（4）作业。作业是指学生为完成学习既定任务而进行的活动。学生的作业分为两类，一类是课堂作业，另一类是课外作业。课堂作业是教师在上课时布置学生当堂进行操练的各种练习，课外作业是学生在课外时间独立进行的学习活动。按照学校所设置的课程，作业可分为语、数、外、理、化、生、政、史、地、音、体、美、思品和劳技、拓展与探究等内容。布置作业是为了帮助学生理解、巩固和提高课堂所学的知识，学生通过做作业发现自身的弱点，增强学习的技巧，提高学习的自信心，从小培养敬业精神。

（5）传授学习方法。任何事情都是有规律可循的，学生的学习也不例外，教师要结合自身的经验和学生的特点，揭示学习的规律，传授学习的方法，提高学习的效率，达到事半功倍的学习效果。这一点往往被很多学校和教师忽视，虽然在教学过程中有些教师融入了相应的学习方法和技巧，但是还不够系统和全面，更谈不上对学生进行学习方法的系统训练。学习规律和技巧主要有记忆的规律、时间管理的规律、学习的策略等。

（6）培优补差。培优补差是指在教学过程中为了避免学生的成绩出现两极分化，让优秀的学生更优秀，中等的学生变成优秀生，学困生变成中等生或优秀生等，努力提高整个班级的优秀率。通过对学生的全面分析，明确培优补差的目标，制订措施，全面整体地把握全班的成绩，不让任何一位学生掉队，也不让任何人停滞不前。

3. 听课评课

听课是对课堂进行仔细观察的活动，它对于了解和认识课堂有着极其重要的作用。听课是提高教师素质、提升教学质量的重要方式，听课是教师进步的阶梯和自我检验的法宝。对于一名教师来说，对教材的理解不是很深，教法也不一定适合学生，所以讲完后再听课，也是一种进步的途径。讲前听和讲后听都非常重要，每个人有每个人的教学思路与方法，每个人有每个人的优点，如果每一位教师将其他教师的经验尽可能地去掌握，将受益匪浅。

评课是指对课堂教学成败得失及其原因做中肯的分析和评估，并且能够从教育理论的高度对课堂上的教育行为做出正确的解释。是在听课活动结束之后的教学延伸，是加强教学常规管理，开展教育科研活动，深化课堂教学改革，促进学生发展，推进教师专业水平提高的重要手段。

课堂效果的评析，有时也可以借助于测试手段。上完课评课者出题对学生的知识掌握情况当场做以测试，而后通过统计分析来对课堂效果做出评价。

## 二、学校管理者的精细化管理

精细化管理属于现代化管理中一种新型管理模式，能为学校管理提供科学管理理论，促使管理者全面总结和分析管理问题，调整工作，提升学校管理效能。

### （一）学校校长的精细化管理

校长精细化管理是以素质教育为导向，以全面提高学生素质为前提，侧重从个人工作角度对校长的综合性管理，促进校长转变教育观念，坚持正确的办学方向，把领导教职工创造性地实施素质教育作为重要职责，不断提高自身素质和能力，保障素质教育的顺利进行。校长精细化管理的内容主要如下。

#### 1. 课程开设

课程由教育部（厅）根据不同年级的学习特点、教育目的、教学规律等制订的学习内容。作为校长能否把教育部（厅）要求的课程开全、并且按照时间进度开足、开好，是校长的基本责任。目前有些学校为了追求分数或者受到师资力量的限制，一些所谓的“副科”根本就没有开设，对学生的全面成长极为不利。

（1）学科课程。学科课程是依据知识的门类分科设置的。课程内容按学科知识的逻辑结构来选择和安排，重视学科内容的内在联系，强调教师的系统讲授。学科课程使相同或相近学科领域的基础知识连贯起来，形成逐步递进、内容连续的逻辑系列，有利于人类文化的传递。课程所授知识、技能具有完整性、系统性和严密性，便于教师教学和发挥教师的主导作用。

（2）活动课程。活动课程亦称经验课程，也称作兴趣课程，它是从学生的兴趣和需要出发，以学生的经验为基础，以各种不同形式的一系列活动组成的课程。活动课程突破学科局限、重视直接经验，强调学生的自主性和主动性，强调通过学生自己的实践活动获得直接经验，强调训练学生的综合能力及个性养成。它的优点在于把科学知识与生活实际相联系，以有利于培养动手操作能力，培养实用型人才，培养交往和组织能力、创新与合作精神，增强学生的社会适应性。同时，由于重视学生的动机、兴趣，有利于培养学生的主体性和发展个性。

（3）校本课程。校本课程是相对国家（省）课程而言的，它是由学校的教师编制、实施和评价的课程。校本课程并不局限于本校教师编制的课程，可能还包括其他学校教师编制的课程或校际教师合作编制的课程，甚至包括某些地区学校教师合作编制的课程。与国家（省）课程相比，在校本课程的开发过程中，课程编制、课程实施和课程评价呈“三位一体”的态势，形成统一的三个阶段，并由统一批教师负责承担。校本课程更能体现地方特色，更能体现学校的办学特点，是国家课程和地方课程的一种良好补充，是一种富有成效的课程创新。

学科课程、活动课程和校本课程三个方面相辅相成，校长在以学科课程教学为基础的前提下，积极地开展活动课程和校本课程，扩大学生的知识面，不断提高学生的综合素质。

2. 制度建设

学校管理制度是以条文的形式规定学校师生员工必须遵守的行为准则，是学校成员日常行为的基本规范，是学校实行民主管理、人文管理的基础，对形成个人的自律习惯和共同的价值观念，建设良好的学校文化，提高学校的管理效率，具有非常重要的意义。学校制度建设和制度实施，是学校管理规范化、科学化、民主化水平的重要标志。校长必须着手建立科学有效的制度体系，特别是适应学校精细化管理需要的制度规范，把各项制度建立好、落实好，让制度管人，让大家养成遵守制度的良好风尚。学校制度建设要科学、实用、可操作性强，不要流于形式。

总之，制度是学校精细化管理的保障，健全、科学、公平、可操作性制度是现代学校必须具备的条件。校长在建立学校制度体系中发挥关键性作用，要根据学校的实践建立健全各项规章制度，带头执行各项制度，确保学校正常运行。同时，根据学校的发展适时调整制度，让制度贴近实际，发挥更大的作用。

3. 队伍建设

队伍建设是指干部队伍建设和教师队伍建设两个方面。

干部队伍建设，要注意培养年轻的干部和后备干部，这是学校持续发展的保证，同时要调动好校干（校干包括校长、副校长等校级干部和教务、德育、总务、办公室等中层干部，另外，党、团、工会等也属于校干）的工作积极性，充分发挥每位干部的主观能动性，处理好责权利三者的关系，形成学校管理的合力，这一点是学校发展和稳定的基石，也是校长的基本功。

教师队伍建设，是指加强教师的管理，充分调动每位教师的工作积极性，规划好教师的人生，大力开展继续教育，创造教师业务发展的空间，引导教师开展各种比武竞赛活动，形成齐心协力抓教学的氛围。注重青年教师的培养，扎实青年教师的基本功，注重新老教师的传帮带，让青年教师尽快脱颖而出。

4. 德育工作

德育是对学生进行思想、政治、道德、法律和心理健康的教育，内容包括提高学生道德觉悟和认识，树立道德信念，陶冶道德情感，锻炼道德意志，培养道德品质，养成道德习惯等方面。它是学校教育的重要组成部分，与智育、体育、美育等相互联系，彼此渗透，密切协调，对学生健康成长成才具有重要的保证作用。校长必须把德育工作摆在素质教育的首要位置，下大力气把德育工作抓好，以课堂为基础，以活动为载体，引领教师把每一门学科都贯穿于德育教学的始终，把每节课都融入德育教育当中；开展丰富多彩的德育活动，让学生在活动中感悟，在学习中养成良好的习惯和品质，在快乐中成长。

校长要亲自抓好德育队伍建设，选拔优秀人才抓德育工作，经常了解德育处、年级组长和班主任工作情况，组织学习有关德育方面的材料，采取措施不断提高德育处、年级组长和班主任队伍素质。抓好德育的常规工作，培养学生的自治、自理能力，形成有特色的良好校风，培养好的学校精神。

5. 教学工作

教学是教育工作构成的主体部分，又是教育的基本途径。教学工作传授系统的科学知识和基本技能，发展学生的智力、体力和创造才能，以培养全面发展的人为目的，由教与学两个方面的活动组成，采用多种形态，达到教育的目的。教学不仅要使学生掌握知识，而且要发展以思维为核心的认识能力；不仅发展学生智力，而且要发展学生的体力，注意教学卫生，保护学生视力，增强学生体质，养成自觉锻炼的习惯，有规律、有节律地学习与生活。特别是要通过发展性教学，启发诱导学生进行推理、证明、探索和发现，教会学生学习，培养学生独立学习和分析、解决问题的能力，从而培养学生的创造才能，以适应科学技术发展的时代要求。

质量是学校的生命，教学工作是学校的中心工作。一名学校校长的教学观是支配教学管理行为的关键，校长不抓教学，质量就无从谈起。

（1）确立正确的教学观。校长既要研究教师的教，又要研究学生的学。重视学法指导，寓学法于教法之中，达到教与学的统一，尽快实现“教是为了不教”的目标，把教书和育人统一在教学活动中，使学生在增长知识的同时，提高能力。

（2）建立良好的教学秩序。建立健全教学指挥系统。由校长、副校长、教务主任、年级组长、班主任、教研组长等组成教学领导体系。制定岗位责任制，充分发挥各自在教学工作中的作用。协调好课堂教学与课外活动的关系。师生有计划地参与社会实践活动，协调好教学工作与其他各项工作的关系，使学校形成上下一盘棋，保证教学工作有条不紊地进行。

（3）充分调动教师和学生的积极性。尊重教师的劳动，激发教师从事教育工作的光荣感和责任感，全面客观评价教师，经常总结推广他们的教学经验，支持他们改革、创新，鼓励他们形成各自的教学风格和特点。充分发扬教学民主，听取教师的建议，广开言路，集思广益，不断提高教师的主人翁意识。关心教师的健康和生活，解除他们的后顾之忧。充分了解学生，因材施教，因势利导，尊重学生，不伤其自尊，鼓励他们学习和创造良好的情境，让学生动手、动口、动脑，养成独立思考，勇于创新的精神。建立良好的师生关系，提倡尊师爱生，教学相长。

（4）深入教学第一线。没有实践，工作就没有主动权，想当好校长，就必须亲临教学的前沿阵地，深入教学、了解教学、领导教学，深入教学第一线听课，深入教研组参加教研活动，深入学生中了解学情和存在的问题。认真抓好教学常规工作，从抓常规工作中掌握教师的教学情况，探求教学改革的良药益方。在改革中提高常规管理的质量，从检查、备、讲、批、辅、考各个环节中，寻找新的突破口和有利于提高学生学习积极性的因素。打破“定式思维”全员参与教改，促进教学质量的提高。

对校长的精细化管理还包括学校安全稳定、总务工作、民主管理、廉政建设、自身建设、中心工作和其他工作等多个方面，每一项工作都不能偏废，特别是学校安全工作，更不能掉以轻心，要时刻抓在手上。

### （二）学校干部的精细化管理

学校干部是指学校中由一定部门任命或选任的负责一定工作、具备一定职能的一类干部的总称。这一类干部构成了学校的领导核心和基础。学校正是通过不同层级的校干，把教育方针和教学任务落实到每位教师身上，达到完成教学任务，提高教学质量的目的。

#### 1. 副校长的精细化管理

副校长是通过一定的组织程序，由相关部门任命（选聘）的学校负责人。副校长直接受校长的领导，听从校长的指挥，服从校长的分工和工作安排，协助校长处理学校内外事务。根据学校的规模，学校一般配备一名或多名副校长。按照分工副校长一般协助校长领导和主持学校的教学管理、德育学生管理和后勤服务等方面的工作。

副校长是介于校长与中层干部之间的学校主要领导干部，是校长委员会的主要成员，肩负连接校长与中层干部和教师的桥梁纽带作用。按照分工不同可以把副校长分为教学管理的副校长、德育学生管理的副校长和后勤服务的副校长等。根据学校大小和领导职数，副校长之间的工作可以兼职。

（1）教学管理副校长。贯彻执行党和国家的教育方针政策、法律、法规，协助校长领导和管理学校的教学工作，保证教学计划和课程标准的实施，经常深入教学工作一线，提出教改和教研的意见，推进学校教育教学改革的实践活动。做好教师的配备工作，根据教师的实际情况，向校长提出教师聘用或解聘的建议。指导教务处科学地安排各年级段教学任务，安排好课表，处理好教学工作中和教师有关的重大事项，维护教学秩序。指导教务主任选拔好教研组长和备课组长人选，协助德育副校长安排好班主任人选。

深入了解教学活动情况，检查督促教学常规的落实，针对教学中存在的问题采取措施，不断提高教学质量。组织学校的教学改革实验，开展教育科学研究，指导全校的第二课堂活动和学科竞赛。指导教务处抓好理化生实验室和电教室的工作，根据教学需要向校长建议购置器材。监督教学设备的使用和管理。负责任课教师的管理，培养教师良好的教风。从政治、思想、业务、生活上关心教师，组织教师业务进修，总结教学经验，进行教育思想、教学方法、教育信息方面的交流，不断提高教学水平。

总结归纳青年教师的成长规律，培养青年教师尽快成长。指导教务处组织教师的月度、学期和年度业务考核和考评，向校长提出教师奖惩的建议。领导、督促、检查、评价教务处主任的工作。制定、修改、完善各项教学管理规章制度并督促落实。审核、批准教材和教辅材料的订购，按照校长授权的额度管理和控制教学所用经费。组织和管理教育科研工作和教务行政工作。完成校长交办的其他工作。

教学副校长的考核管理具体如下。

第一，处室管理。教学副校长一般分管教务处（室）、教科室等处室，规模较小的学校还分管德育处（室）。处室管理是副校长的职责，主要保证校长的办学思路和各项教学措施的落实。包括：分管处室规章制度的建设，处室制度落实情况，处室人员团结协作情况，处室风气、工作效率及信息沟通畅通情况。处室职能发挥和工作绩效，教师服务意识强弱，教师满意度等情况。

第二，教学管理。国家规定的课程开设情况，教学常规的落实，正常教学秩序的维护，教学计划的编排，教师的课务安排是否科学合理。教师的管理，年轻教师的培养、教师的培训情况。教育科研工作的编排，围绕教学实际搞科研的情况，教育科研制度化情况，教育科研成果等。

第三，自身教学工作。自身备课、上课、听课、评课和教科研等情况，自身学习情况。

第四，领导能力。德、能、勤、绩、廉等方面的情况，由全体教职工参加的测评方法评定。

（2）德育管理副校长。在校长的领导下，协助校长领导和主持学校的德育工作，制订德育工作计划，并组织实施。加强学校德育工作队伍建设，不断提高德育工作水平。制定完善学校德育管理规章制度和相关的评价制度，并组织实施。定期组织了解、分析学生思想状况，研究德育规律，提出学生思想教育和管理学生的指导性意见，贯彻落实中央和上级教育行政部门关于德育工作的指示和要求。抓好德育科研工作。

抓好班主任队伍建设，深入了解班主任工作情况，采取措施不断提高班主任队伍素质。与分管教学的副校长、教务主任协商班主任人选，根据班主任年度精细考核办法提出对班主任的奖惩的建议。对班级工作进行指导、检查、监督和评价，确保学校德育工作的实效性。组织好健康教育，特别是培养学生的健康心理品质，指导心理咨询等心理健康教育工作。指导德育处（室）抓好少先队、共青团和学生会的工作，培养学生的自治、自理能力。

指导德育处（室）做好寄（住）宿生管理工作，提高生活教师的素质和管理水平。抓好校风、班风、学风建设，组织研究开发校本德育课程，形成有特色的良好校风，培养优良的学校精神。指导建立家长委员会和家长学校，使学校教育、家庭教育和社会教育相互配合，相互促进，共同搞好学生的思想道德教育、思想政治工作、体育卫生工作和学生工作。组织和领导德育行政工作。完成校长交办的其他工作。

德育副校长的考核管理具体如下。

第一，处室管理。德育副校长一般分管德育处、学生会、团委等处室，主要工作为德育教育、学生管理、少先队、共青团、班主任等工作。学校规模较小的学校一般不设德育副校长，由分管教学的副校长代管。工作内容为各处室工作开展情况，处室职能发挥情况，各处室围绕德育教学团结协作情况等。

第二，德育管理，主要内容为德育教学的计划安排和落实，德育教学形式和内容，德育教学的效果和德育课堂的情况，第二课堂开展情况，校风、学风、教风情况。

第三，自身教学工作。自身备课、上课、听课、评课和教科研等情况。

第四，领导能力。德、能、勤、绩、廉等方面的情况，由全体教职工参加的测评方法评定。

（3）总务管理副校长。协助校长管理后勤工作。加强对后勤职工的思想教育，牢固树立后勤工作为教学服务、为师生员工生活服务的思想，安心本职工作，提高服务质量。认真贯彻执行勤俭办学的方针，精打细算，厉行节约。搞好财务管理。编制学期、学年初各项经费预算，管好用好财政拨款经费和计划外收入经费，严格遵守财经纪律，实行民主理财，年末将经费决算向校长和教代会报告，接受群众监督。

加强财产管理。制定财产管理制度，检查督促管理人员，搞好财产保管，杜绝校产浪费流失现象。抓好基建和校舍维修。提出基建、维修项目，对基建项目设计、预算、招标等提交校委会集体讨论决定。

搞好师生生活福利。提出食堂管理、改革方案。深入食堂了解情况，不断总结和完善方案，严格控制利润提成比例。搞好勤工俭学，开辟财源，增加收入，努力改善办学条件和教职工生活福利。搞好校园规划、绿化、美化，创造良好的教学环境。组织有关人员制定计划外资金收入使用方案，交学校行政会议研究和教代会讨论通过执行。审批各项经费开支。做好学校安全保卫工作，完成校长交办的其他工作。

总务副校长的考核管理具体如下。

第一，处室管理。总务副校长一般分管总务处。主要管理内容为后勤服务相关制度建设和制度落实情况，后勤人员工作积极性发挥情况，为教育教学工作服务情况，处室内部团结情况。

第二，后勤服务管理，包括为满足正常教育教学秩序而需要的基本后勤服务、学生食堂管理、学生宿舍管理、校园绿化美化、学校建设、财务管理、学校安全等方面。

第三，自身教学工作。自身备课、上课、听课、评课和教科研等情况。

第四，领导能力。德、能、勤、绩、廉等方面的情况，由全体教职工参加的测评方法评定。

### 2. 中层干部的精细化管理

中层干部是指副校长以下的学校领导干部，主要包括办公室主任、教务主任、德育主任等，较大规格的学校还设立团委（支部）、工会、少先队（大队、中队和小队）等。这一部分干部起到联系校长与教师、学生的桥梁和纽带作用，在学校的管理中直接面对学生和教师，中层干部作用发挥得如何，直接关系到学校政策的执行情况和学校管理效果。因此，有必要加强中层干部精细化管理的研究，充分调动中层干部工作积极性，提高其管理能力。

（1）办公室主任。办公室主任在校长领导下，负责校长办公室具体工作，协调学校政务、事务工作，确保校务日常工作高效运行。

第一，做好校务会、行政会以及学校重要会议的会务准备工作、会议记录，会后有关资料及时分类存档等。

第二，负责学校相关报告、计划、总结等文件材料的起草和修订。做好各类文件的收发、登记、送阅及保管工作。重要文件及时汇报，并请示办理意见。

第三，及时汇总副校长及各科室的工作计划，合理科学地安排每周学校工作计划，督促检查行政各项重要工作的贯彻落实情况并反馈给校长。

第四，做好来校来访、参观、检查等人员的接待工作，做到安排周密妥当。

第五，做好学校教育宣传工作，负责校园网站的新闻发布等。组织调研活动，为领导决策提供咨询和参考。

第六，做好对档案室的管理。进行全校档案的收集、整理、立卷、存档工作，执行保密制度。

第七，及时处理信访，电话、网上投诉等，做到有登记，有结果，不积压，不拖延，重大问题及时向有关领导报告。完成校领导交给的其他工作。

（2）教务主任。教务处是学校教学、教务、教研工作的执行科室。教务主任是校长和分管副校长在教学方面的主要助手，负责学校教学、教务、教研方面的管理、执行工作。

第一，在校长和分管副校长的领导下，全面主持教务处（室）工作，组织安排学校的教学常规和教学管理工作，根据学校工作计划制订教学工作计划并组织实施，定期检查和总结教学工作。

第二，根据课程设置和教师实际情况，制订各学科教师任课安排并提出意见。制定教学管理的有关规章制度，定期检查、总结执行情况。

第三，负责教研组长的选聘提名，指导教研组的工作，定期召开教研组长会议，研究讨论教学中的重大问题，总结交流教学经验，及时对教学工作及其改革提出意见和建议。对教研组实施教学工作的情况从教学目标、内容、方法、评价等方面进行检查、分析、评估等，加强科学调控，帮助改进工作，切实加强教学常规管理。

第四，建立健全说课、听课、评课、公开课和学生、专家评教等制度，组织教学评估，通过多种途径（检查教案、抽查学生作业、召开座谈会等）了解分析教学情况，改进教学工作，提高教学质量，确保各年级各学科完成教学目标。

第五，有计划地组织教师学习现代教育理论以及业务进修。建立教师教学档案，制订教师评价方案，组织对教学骨干、学科带头人的评选、推荐工作。

第六，协助校长加强教师队伍建设，努力创造条件并开展各类公开课活动，鼓励教师参加各类进修学习、培训、竞赛等活动，组织好青年教师的培养工作，建立一支优秀的骨干教师队伍。

第七，组织每学期新生招生和考试工作。

第八，做好教学行政管理工作（负责编制课程表、学期制订学校大事安排表、课程调整、安排代课、组织学校月考、期中、期末及其他考试的安排和评定，负责检查早自习和课外活动、学生休学退学的程序完善及档案保存等），加强学籍管理和有关数据的统计、使用，组织教学用书及有关材料的订购、使用和管理。

第九，加强教务处的自身建设和内部管理，负责对教务员工作的指导和管理，并制订实施教务处工作细则。

第十，每周召开教师例会。每周向校长全面汇报一次全校教学工作情况（经验、不足、措施等）。

（3）德育主任。德育主任有些学校也称为政教主任，在分管副校长领导下工作，负责全校学生思想教育和德育活动组织、制订和实施学生思想品德教育计划，检查并总结学生思想教育工作，制定德育进课堂方案负责德育进课堂的督促检查和落实。

第一，加强对班主任工作的指导与监督、检查，指导班主任制订班级工作计划并检查其执行情况；定期召开班主任会议，布置和检查班主任工作，有目的、有准备地参加班级教育活动。

第二，组织班主任学习教育理论、努力探索科学管理方法，总结交流经验，指导和协助班主任做好后进生的转化工作，指导新任班主任做好班务工作。了解团队工作，组织班主任配合团队工作。

第三，经常了解相关规范的执行和学生的思想品德情况，组织安排学生的体育、艺术、卫生工作的管理，抓好校风建设和德育教育科研工作。

第四，组织安排各项德育活动，并督促检查，积极开展有益学生身心健康的各项活动。根据学校德育工作计划，按时组织召开各项德育活动，活动前准备充分，设计周密，活动有序进行，并做好安全预案，做到活动前有计划、活动时有记录、活动后有总结、过程性材料完整。

第五，协助校长搞好家长学校，指导家庭教育，促进社会、学校和家庭教育三结合，达到共同教育好学生的目的。不失时机地对学生进行安全教育、法制教育、行为习惯教育和文明礼貌教育，避免发生学生安全事故，提高学生自我保护能力和法治观念，继承和发扬中华传统美德。

第六，认真贯彻学校奖惩条例，负责班风建设和评定，树立好榜样。做好“三好学生”“优秀学生干部”“优秀值周生”“最佳劳动实践能手”的评比工作，对违纪学生进行教育，提出处理意见。

第七，贯彻执行学校纪律、卫生工作的相关规定，管理好纪律卫生工作，从低、小、细、实入手，抓出规范，让学生养成良好的纪律卫生习惯。组织并管理好值周工作，加强对值周教师的指导和对值周学生的管理。

第八，组织开展好第二课堂活动，抓出成效，抓出效果。做好处室人员的管理工作，承办好校长和分管副校长交办的其他工作。

## 第三节　学校公共关系与工作事务的精细化管理

随着社会的发展和教育改革的进一步深化，学校公共关系受到前所未有的重视。

### 一、学校公共关系的精细化管理

学校公共关系是一种管理职能，又是一种管理活动。它在全部学校管理活动中扮演着无所不在的角色，发挥着重要作用。

#### （一）采集信息

在不断变化和发展的社会条件下，纵横交织的各种因素不断影响和左右着学校各项工作。学校公共关系所肩负的职责之一就是准确、及时、大量地收集、整理和掌握与学校有关的信息。

学校公共关系要收集的信息主要有以下三类。

1. 学校自身信息

学校自身发出的信息主要含有学校的管理目标和实现目标的政策、措施，办学的层次、门类，领导的工作能力、领导作风，教职员工的素质、心理状况、工作责任感，学生的知识、身体状况、道德水平，学校取得的成绩、存在的困难等。

2. 学校形象信息

学校形象信息主要有：关于学校教育、教学质量的评价，其中包括上级主管部门、学生家长、社区公众对学校办学目的的评价和办学是否符合社会需要，学生在德智体美劳方面的发展状况，学校对社区的发展做出了什么贡献等。

3. 校外环境信息

（1）社区环境信息，如社区新增机构、乡规民约，近期重大活动，媒体对学校的报道，社区的要求等。

（2）立法信息，如立法机构制定的法律、法令、条例、规定以及教育的立法情况等。

（3）政府决策信息，如国家政治、经济、文化等领域的新方针、政策、发展战略，特别是教育发展规划。

公共关系收集信息的目的，是便于管理者做出正确的管理决策。学校公关人员直接与校内、校外公众交往，在掌握大量有关学校的第一手信息后，能够对这些信息及时、认真地进行分类整理，找出有效信息及所涉及的部门，并且能够对发展趋向进行预测，对可能出现的新问题、新要求做出及时的判断。并迅速将这些信息反馈给学校领导和有关职能部门，还要就一些重要问题提出自己的看法和建议，向学校领导提供咨询。

### （二）传播与沟通

学校在管理过程中，只有通过各种途径和方式将学校的管理决策、措施和所取得的成就所面临的困难问题以及某些事实的真相公之于众，才能争取有关公众的了解、理解和支持。

第一，组织学校领导与师生员工及外部公众进行交往。并通过通报会、座谈会、聊天、通信等方式将学校的有关信息传播出去。

第二，开展各种各样的公关活动。学校可根据需要举办一些公关活动，如招生信息发布会、教育教研成果报告会、组织公众到学校参观、举行节日庆典等。

第三，组织学生进行传播沟通。要发动学生当义务公关人员，将学校的现状现况、困难问题、荣誉成就等信息向家长、社会传播。

第四，利用各种新闻媒介如报纸、广播、电视等进行传播沟通。而作为学校公关人员应当和新闻界保持密切联系，及时提供本单位消息。

### （三）协调多方关系

学校处于一个复杂的环境之中，不断变化的社会条件、各种社会组织和社会阶层利益之间的差异，会使学校面临诸多矛盾冲突。为了使各方面的力量能步调一致地支持学校的工作，学校就必须做好学校内外各方面的协调工作。

在内部，要通过有效措施特别是情感交流，了解和掌握学校全体成员的需要和想法，来做到充分激发其士气、热情、积极性和创造性，使师生员工有与学校荣辱与共的归属感；尽力减少学校内部教职员工及各部门之间的矛盾和摩擦，创造学校内部和谐、融洽、协调的“人和”环境，增强学校的凝聚力、向心力和吸引人才的特殊魅力。

对外则要加强与家长、社区、主管部门、政府、新闻媒体的交往沟通，使他们能配合学校工作，与学校关系和谐、融洽。

## 二、学校总务工作的精细化管理

总务工作管理结果的好坏与管理的方法密切相关。实施基本的、合理的、科学的总务工作方法，对提高精细化管理的效果非常重要。

### （一）建立健全的规章制度

相对于经验管理的粗放式管理方法，用制度管人，用制度管财管物，是提高管理效率和管理效果的重要措施。制定后勤管理制度要符合上级政策，要坚持实事求是，从实际出发，坚持群众路线，广泛征求群众意见，进行调查研究，经过充分的酝酿讨论，集思广益，达成共识，这样制定的制度才能切实可行。后勤规章制度要力求精密细致，抓住要害，便于实施。如人员岗位责任制度的确定，要根据学校工作的实际需要，既要责任明确，又要切实可行，便于督促检查，提高工作效率。根据不同的工作范围和任务，可以规定领导干部、职能机构、职能人员和工人的责任。通过严格的制度管理，确实做到人尽其才、物尽其用、地尽其利，提高办事效率。

### （二）建立总务工作责任制

实行总务工作责任制，有利于克服职责不清、功过不分的现象，有利于增强总务人员的事业心和责任感，对于提高工作效率和科学的管理有重要作用。把学校总务工作按照性质分成财务工作、校舍管理、维修工作、水电工作、物资保管、食堂工作和安全保卫工作等方面，每一个方面设定一个或几个专人负责，明确工作目标，公开操作流程，严格管理制度，实施严格考核，依据考核结果兑现奖惩。

### （三）做好日常的总务工作

学校总务工作纷繁复杂，涉及学校工作的方方面面，要做好总务工作精细化管理，必须从总务日常工作入手。每学年定期对固定资产进行清理、检查、记录、编号，及时造册归档，做好固定资产的管理工作。根据校产、设备情况设立总账和明细账，对各室各类财产采取兼管的形式，责任到人。为确保校舍设施的安全及建、管、用的有效结合，学校建立校舍定期检查、维修制度，每周检查校园安全设施，及时消除安全隐患。同时，为保证校园环境卫生工作，安排专人负责学校楼道、厕所等公共场所的卫生清扫。学校教室卫生及校园环境卫生由中高年级学生负责打扫，每学期详细划分卫生区，协同德育处开展环境卫生评比，颁发卫生流动红旗。进行库房物品的验收登记，按照物品采购办法，做好物品竞标，严格物品出入库制度。加强学校绿化的管护，对学校食堂、宿舍进行日常检查监督。

# 第六章 心理健康教育与学校管理的协同策略

## 第一节 学校管理在心理健康教育中的效能

当今世界，科学技术飞速发展，国际竞争日趋激烈，各种价值观相互碰撞，学生的思想越来越复杂，随之出现的心理健康问题也越来越多。同时，素质教育要求学生学会做人、学会求知、学会劳动、学会生活、学会健体和学会审美，成为有理想、有道德、有文化、有纪律的社会主义劳动者。如果说学生的基本素质是身心素质，那么心理健康教育就是一个中心环节。心理健康教育是素质教育的核心，它既是素质教育的出发点，又是素质教育的归宿。另外，从社会角度来看，心理健康教育是培养跨世纪高质量人才的重要环节，也是一个民族兴衰成败的关键。我们民族的新一代，若没有良好的心理素质和强健的身体，就不能适应现代社会的发展和时代的进步，就没有力量，就不可能屹立于世界民族之林。

以上从三个方面简单论述了心理健康教育施行的必然性、重要性，但是，学校心理健康教育的实施，受到诸多复杂因素的影响，主要有两类：一是技术，如必要的理论知识、物质条件和师资队伍；二是管理，如适宜的管理方法、思想（第一类因素，也受第二类因素影响）。以下主要讨论第二类因素及其对心理健康教育的影响。

由于学校管理者在认识上缺乏对心理健康教育的了解（比如心理健康教育的重要性），从而在实践上不能有效支持心理健康教育的最优化实施，这就是我们所说的学校管理在学校心理健康教育上的缺陷。填补这个缺陷要求管理者意识到心理健康教育的重要性以及它的实施有利于学校管理的顺利进行和优化，从而实现管理目标，那么在实践上更需要加强学校管理在心理健康教育上的效能。

### 一、学校管理与心理健康教育的关联

所谓学校管理，是学校组织的管理者为了实现学校工作目标，依据一定的机构和制

度，采用一定的手段和措施，积极发挥管理职能，带领和引导师生员工，充分利用校内外各种资源和条件，有效地完成学校工作任务，实现预定目标的组织活动。

所谓学校心理健康教育，是指教育者根据学生生理、心理发展的特点，运用心理学等多种学科的理论与技术，对学生进行心理健康知识与技能的教育及训练辅导，培养学生良好的心理素质，促进学生身心全面和谐发展和整体素质提高的教育活动。

学校管理在学校心理健康教育上的效能可简单概括为在政策（规划制度体制）上加以保障，在环境上营造气氛，在物质上提供经费。

### （一）学校管理为心理健康教育提供政策上的支持和保障

#### 1. 通过学校规划来描绘心理健康教育的蓝图

学校规划将心理健康教育正式纳入教学目标，以此来促进学校心理健康教育的实施。学校各种教育、各科教学应当以素质教育的总体目标为依据，结合自身教育、教学的内容、要求等特点，建立相应心理素质培养目标，使各种教育、各科教学过程和学校心理教育互相渗透，互相促进，并通过促使学生心理素质发展真正提高各种教育、各科教学的质量和水平。充分挖掘学校各种教育各科教学的心理教育功能，正是加强学校心理健康教育的最基本途径和方法。

学校规划将开展学校心理辅导工作，开设心理辅导课，加强对学生的心理训练、辅导作为内容之一，以此来促进心理健康教育。通过以上活动，可以促使学生完成心理辅导的发展性任务、预防性任务和矫治性任务。

学校将师资队伍建设规划作为任务之一，以此来促进学校心理健康教育。足够的合格的心理健康教育的师资队伍是开展心理健康教育的关键。当前，心理健康教育的师资数量不够且质量不高。为此，对学校管理来说，一是引进相关专业的人才；二是加强师资培训。

#### 2. 建立合理的心理健康教育的管理体制

“心理健康教育是学校教育学生离不开的教育科目之一。”① 学校心理健康教育管理体制，即学校内部对心理健康教育工作的领导制度，主要指校内机构的组建，管理层之间的权限分配等问题。在学校内部，管理体制合理与否对心理健康教育工作至关重要。如果体制合理，就能发挥各方面优势，达到工作目的。相反，就会降低工作效率，影响工作效

① 刘钦锋. 学校心理健康教育的系统管理与实施［J］. 产业与科技论坛，2016，15（8）：207.

果。因此，管理体制对心理健康教育工作应该是最重要的影响因素之一。

学校应建立这种管理体制，将心理健康教育工作提升到整个学校层面上来考虑，建立与其他处室平行的学校心理健康教育办公室（或处室），由校长直接管理。这种管理体制将心理健康教育工作渗透到学校的方方面面，极大提高了心理健康教育工作在学校中的地位，心理健康教育的负责人在校长领导下，将心理健康教育工作与其他教学、德育、科研等工作有机结合起来，符合心理健康教育工作在素质教育中的地位，也有利于学校的发展，学生的全面成长，教师专业化的不断发展。

3. 建立心理健康教育的评估督导制度

只有对心理健康教育建立有效的评估督导制度，才能更有效地实施心理健康教育。当前心理健康教育虽然开展得轰轰烈烈，但是它的评估问题却一直没有得到很好的解决。许多学校虽然都开展了心理健康教育，但是却一直没有建立科学的评估体系，甚至没有评估；即使有少数学校开展了评估，但是他们认为心理健康教育的评估是为了评比，提高学校的知名度；另外，由于政策性文件中没有说明心理健康教育的评估问题，致使评估中的具体操作出现两类问题：①不管学校所处的经济、文化、社会环境的不同，硬件软件的不同，一律“一刀切”；②评估简单化，只有很少的几个指标。

为此，学校管理应加强对心理健康教育的评估督导制度的建设，具体如下。

（1）认识到心理健康教育评估的重要性。

（2）认清心理健康教育评估的目的。它的目的应是指导心理健康教育，从而促进学生心理健康水平的提高，而不是强调学校之间的评比。即：重在指导，淡化评比。

（3）建立科学的评估指标。科学的评估体系应包括：①心理健康教育机构和队伍的建设情况；②心理健康教育活动开展情况与各学科课程渗透的情况；③心理辅导室或咨询室的基本建设情况；④心理辅导与咨询活动开展情况；⑤心理健康教育的科研情况；⑥心理健康教育的实际效果等。

评估中应特别注重全体教师关注每位学生心理健康的意识与行动，心理健康知识在全体教师中的普及情况，教师在日常教育教学中通过改进教育教学态度与行动促进心理健康发展等方面。

### （二）学校管理可以通过环境营造良好的心理气氛

目前，学校校长对作为学校外部形象的校容校貌比较重视，自然物理环境建设均有较大的改观。但是，大多尚未意识到心理环境对师生员工的心理和行为所具有的潜移默化的影响力。

校风是一种心理环境和心理气氛，是学校行为的核心，优良的校风一旦形成，便成为学校大多数人都具有的一种习惯势力，并展示出巨大的隐性教育效果。因此，在校风建设中，我们应大力宣扬心理健康教育，使之发挥作用。学生的心理环境，可以通过课堂情境育人、活动育人、校园自然环境育人、教师情感育人等营造。

营造教职员工的心理环境管理要注意三个方面：①管理者运用好职权，善于集权分权，用智慧和能力去影响他人的思想和行为；②管理者办事要公正；③管理者要广纳贤才，广纳众言。

学校管理者对师生员工直接进行心理健康教育，从正面影响心理环境是不可少的；但是，我们也不可忽视通过校风建设从侧面隐性影响师生员工心理环境。这些都在客观上促进了心理健康教育。

### （三）学校管理可以通过提供物质上的基础

无论是师资队伍的建设，还是开设有关课程、辅导课、活动以及所必备的硬件设备等，都必须要有足够的资金来保障。但是，我国正处社会主义初级阶段，物质不够丰富，建设资金有限。因此，学校管理者不应该只是一味向上级主管部门索取资金，更应该运筹帷幄，从管理着手，优化物质管理、财务管理，从而更好地在物质上给予心理健康教育工作以各方面的支持。学校心理健康教育的日常经费要列入学校专项经费，并逐年有所增加。要着重保证心理辅导室的建设和专兼职心理辅导教师进行培训的需要。

## 二、学校管理提升心理健康教育效能的具体操作

### （一）加强管理者自身心理健康教育，增强自身的人格魅力

学校管理主要是通过学校管理者来执行的。因此，对优化学校心理健康教育来说，必须加强管理者自身的心理健康教育。对于管理者来说，“懂行”相对于“外行”是成功管理的一个很重要的条件。只有让管理者充分认识心理健康教育的重要性、基本原则、主要任务和实施途径等一系列有关知识，才能让管理者更好地实施与开展心理健康教育工作。

管理者“懂行”是管理者对心理健康教育进行成功管理的第一步。同时，管理者还具有实在的人格魅力，具有威信，使被管理者心悦诚服，从而有利于心理健康教育的实施。而人格魅力中，心理素质也是必不可少的一个组成部分。因此，从心理素质的培养和加强

提高管理者的人格魅力的维度上说，加强管理者自身的心理健康教育，是不可或缺的条件。

良好的心智素质不可少。管理是一种由心智驱使的活动。必要的管理学、心理学知识、技能，敏锐的观察力，分析判断能力、决策能力、凝聚力、创新能力等都是必须具备的。此外，管理者应该具有战略眼光，有强烈的事业心和责任感、自律感。要做到襟怀坦荡、廉洁正直、心胸宽广，善于团结人、作风民主、办事公正，不独断专行，不追逐名利，先人后己、是非分明、坚持原则、言行一致、任人唯贤等。随着人们民主意识的不断增强，管理活动中，非权力的权威影响日趋增大。管理者必须注重自身的心理健康教育，注重自身人格的塑造、品德的修养、能力的提高，努力成为一名高层次、高水平的管理人才。

### （二）遵循群体特点，通过适宜管理方法实施心理健康教育

学校管理的基本方法是实现学校管理目标，完成学校管理任务的基本手段。学校管理者根据不同群体特点，正确运用适合的学校管理的基本方法，对于实施心理健康教育具有十分重要的意义。

对教职员工进行心理健康教育，提高教职员工的心理健康水平，学校管理者应主要采取行政、经济的管理方法。心理健康教育开展伊始，不为人所了解，反对之声一片。因此，此时必须加强行政方法，发布行政指令，规定每位教职员工都要进行心理健康教育的培训，制定切实可行的措施方法，并考察教职员工推行心理健康教育的情况；同时，辅之以经济措施，对那些心理健康教育培训好、推行好的教职员工进行物质奖励，反之，则物质惩罚。

对学生进行学校心理健康教育，学校管理者应主要采取教育（包括心理疏导）的管理方法。学校管理中的教育方法，是学校管理者根据某种思想与价值体系，通过提高或改变人们的思想觉悟，进而对学校师生员工的思想、情感和行为产生影响作用的一种管理手段。教育方法的实质正是通过提高或改变学生的精神面貌，调动学生的积极性，进而促使学生在学校心理健康教育中的主体地位的实现，以达到学生心理健康水平和心理素质的提高。对学生进行心理健康教育，可以结合其他管理方法，同时把教师的科学教育和学生的积极主动参与真正结合起来，使心理健康教育更有效进行。

### （三）学校管理者要把依法治校和以人为本有机统一起来

依法治校和以人为本构成了学校管理的有机整体，二者不可分割。以人为本体现了理

性要求，依法治校则代表了规范、制度等刚性要求。一所学校如果只强调以人为本，什么规章制度也没有或虽有制度，但流于形式，甚至没有执行，这样的学校一定会纪律松弛，秩序混乱，无法实现教书育人的目的，以人为本也就是一句空话。反过来，一所学校如果离开人本思想，不关心人，不激励人，不促进人的全面发展，只会用严苛的制度、死板的规章去管理，这种管理就失去了其应有的价值和意义，就可能成为束缚人积极性创造性的枷锁。以人为本与依法治校在学校管理中是不可分割的有机统一体。

在人本管理中，我们强调对待教职员工应努力满足其正当的物质、精神需要；对学生应唤醒其主体意识，引导自我管理（自我监督、批评、控制等）。很明显，这些有助于师生员工的心理健康教育。在依法治校中，我们强调因地制宜，建章立制；德育法治相统一，尤其强调进一步深化学校管理体制改革，建立真正重视心理健康教育的、切实可行的、高效的学校心理健康教育管理体制。

依法治校相应于管理职能中的控制职能（约束行为、行为规范），以人为本相应于学校管理职能中的协调职能（理顺关系、形成合力）。将依法治校、以人为本的管理思想、职能实施好，无疑有利于学校管理目标的完成。心理健康教育也无疑得益于依法治校、以人为本的有机整合。

## 第二节　基于心理契约的学校绩效管理研究

### 一、学校绩效管理引入心理契约的理论基础

#### （一）教师与学校心理契约的内涵

学校和教师之间除正式的雇佣契约外，也存在着规约双方相互责任、权利和义务的心理契约。通过宣扬办学理念和校长及其他管理人员的管理工作，学校无时无刻不在表达对教师的期望。学校在心理契约中的诉求是：教师能够自律、尽责、学为人师、行为示范，最大限度地发挥个人潜能保证教学质量、满足学校工作需要和发展要求；教师在心理契约中的诉求是：通过提出教学建议，参加教职工代表会议或其他活动，期望学校提供更好的工作环境与条件，希望得到预期的报酬与晋升，希望民主参与权得到尊重，以至获得个人职业与生活的安全感、归属感、价值感等。

学校组织管理气氛由六个因素构成，即民主作风、制度健全、管理系统性、关心体贴、领导威信、人际领导；学校组织管理气氛各因子与教师工作任务绩效之间存在非常显著的相关关系，其中，制度健全、管理系统性、人性领导和关心体贴是导致教师工作绩效的主要因素。而健全的制度、人性领导和关心体贴都是通过心理契约中组织履行其义务，满足教师的心理契约权利来实现的。

从一定意义上讲，教师是知识型员工，因此，根据心理契约的内容，对心理契约中学校组织的责任和教师的个人责任进行分析。心理契约的核心内容包括学校对教师的责任和教师对学校的责任两个方面，由于互惠原则，教师感知到学校为自己提供的责任会影响到他作为教师一方对学校所承担的责任，因此，学校对教师的责任中的规范型责任和关系型责任与教师对学校的责任中的规范型责任和关系型责任的影响是平行的。如果学校能够为教师提供合理的薪水和适当的工作量，一旦得到教师的认可，教师也会对这些好的措施作出自己的反应，结果就是学校发展方面和建设良好的人际关系方面做出更大的贡献。如果学校能够为教师提供和谐人际氛围，能够关心和信任教师，教师就愿意为学校发展出力。

第一，教师的责任。教师的责任主要是教师对学校组织提供的物质激励、环境支持和发展机会的认同和反应，主要是规范遵循、组织认同和创业导向。组织认同主要是教师支持学校决策、长期任职、认同目标等，创业导向主要是教师为了获得较高的绩效工资而创新工作、提高技能或是接受合理化建议等。从个人的期待角度讲，广大教师能够支持学校的绩效考核标准和细则，并能够保质保量地完成规定任务，教师支持学校的工资决策上下齐心，高度认同。教师能够为了获得较高的绩效工资而创新工作、提高技能。

第二，学校的责任。学校的责任主要是学校为教师提供的物质激励、环境支持和发展机会。学校组织提供的物质激励主要是通过绩效工资制度，提供给教师一种物质目标和努力方向，环境支持主要是对教师的信任尊重和教师与学校领导的团结合作，发展机会主要是绩效工资制度提供给教师的如晋升机会、学习培训以及教师从事有挑战性工作的奖励等。在这里提到的学校组织和教师之间心理契约，只是一种较为和谐的组织与个人的心理契约。学校责任按重要程度排序，依次是：公正合理的工作绩效评价与奖励、相应的福利待遇和假期、尊重教师的工作权利和专业、保障教师的正常休息、良好的工作条件和充足的资源。

### （二）教师群体心理契约的特点

教师群体与一般的雇员群体不同。自古以来，传道授业解惑的思想就为教师规定了明确的行为准则和道德规范，简单来说，教师被人们视作人类灵魂的工程师，教书育人是教师的天职。既然是本分，是天职，教师的主观能动性就应该自然而然超出一般企业中的雇员。企业如果没有履行其心理契约中的义务，导致雇员消极怠工，受影响的是企业的雇主、顾客；教师所面对的是学生，受到社会道德规范的软约束，即使不应用心理契约，甚至在教师绩效管理中忽视心理契约的作用，绝大部分教师也会恪尽职守，做好本职教育工作。

### （三）心理契约对学校绩效管理的意义

心理契约的创建与绩效管理效能的提升之间存在着密切的联系。在员工与组织之间，除正式契约外，心理契约是决定组织中员工态度和行为的重要因素。无论经济性契约多么优厚，员工对组织充满信心和希望时，与对组织只有失望和不满时，他的工作绩效会有着本质的差异。

学校组织和个体教师之间的相互期望，远远多于在经济和物质上的需求，心理情感的期望对学校组织和教师是很重要的。学校师资资源的开发与利用，学校稳定效益的大小，甚至学校的存亡都提醒我们，单纯用明确而严格的绩效管理制度和规则来提高教师的工作效率是行不通的，教师的劳动是用心的劳动，只有触及心灵的管理才是最有效的。无形的心理契约会影响教师的工作满意感，影响其对教育事业的情感投入，影响教学效能以及教师的流动率。

学校的绩效管理同一般企业的绩效管理不同。对于一般企业而言，绩效管理和考核可以相对比较精确地量化员工的工作成果，而教育教学是知识的传授、人格的塑造，是师生面对面的感情交流，是创造精神的培养与各种能力的形成，这些都是很难量化的内容，尤其是在全社会强调素质教育时，教师的教育成果更难在短时间内体现，在这种情况下，作为绩效管理基石之一的绩效考核就比较难以有效执行，而心理契约在绩效管理中则可以发挥更大的作用，弥补绩效考核的不足。

随着经济的日益发展，激烈竞争和学校教育体制的变革使得学校劳动关系发生了巨大变化，教师与学校管理者之间的心理平衡不断被打破。教师能否有效地工作，是否会对学校及其长远发展目标产生责任感、忠诚心和热情以及能否从自己工作中得到满足感，在很大程度上取决于学校对教师的绩效管理方式中是否将心理契约涵盖其中。绩效管理是从行为和结果两个角度来管理，所以作为一个有效的学校绩效管理系统，需要从教师的心理需求出发，充分调动教师的工作积极性和主动性，将教师的教学、科研活动与学校的战略目标联系在一起，最终提高整个学校的工作效率及组织效益。

教师需求的是高层次的心理需求满足。在一般性的人力资源管理过程中，教师最基本的需要如生存需求可以通过工资、福利等物质方式加以满足，而教师是学校教育、教学任务的实施者，教育方针的贯彻、教学大纲的执行、教学过程的组织、各项教学措施的实施，都是依靠教师来完成的。每一位教师都希望自己的学生成为国家的有用之才，希望自己“桃李满天下”，因而这种本能的成功欲望，使每位教师都有较强的事业心和责任感。这个心理特点，反映了教师的优秀品质。教师是集许多角色于一身的特殊职业，既是管理者，又是被管理者；既是灵魂塑造者，又扮演着模范公民的角色。教师角色中的社会期望与要求转化为个体的心理需要。这时教师形成了教师职业特有的自尊心和荣誉感。一位好教师如果得不到别人的尊重，其心理的伤害程度要远远大于从事其他职业的人。因而教师这个职业更富有自尊性。教师所要求的高层次的精神需求只能通过心理契约的达成才能得到满足。值得注意的一点是，学校在进行绩效管理时，如果对教师的心理需要、兴趣目标、职业生涯规划、人生价值观等心理契约因素无动于衷，眼光仅仅停留在物质奖励方面，就无法建立牢固的心理契约关系。

任何教师都希望得到学校的重视和高的期望值，这种积极的心理契约关系会帮助他们不断地增强自信心，并积极努力实现学校的目标和要求，进而提高工作绩效。反之，如果教师得到的是学校低的期望值或是不信任，那他们将体会到的是失信的心理契约及重大的挫折感，势必会降低工作绩效。学校管理者对教师存在某种期望，教师清楚地意识到这种期望，并满怀强烈的热诚要去实现这种期望，这种密切的相互期望就构成了心理契约。

## 二、心理契约运用于学校绩效管理的具体思路

### （一）心理契约的 EAR 机制

心理契约的主体是员工在组织中的心理状态，而用于衡量员工在组织中心理状态的三个基本概念是工作满意度、工作参与和组织承诺。在企业以经济活动为主的组织中，员工的工作满意度是通过对工作的社会价值的了解，直接从工作本身或工作成果中体验到的一种个人内在的情感状态。工作满意度与组织的个体工作效率成正比，与组织个体的流动率成反比。工作满意度是组织心理契约管理的重点和关键。

心理契约管理的目的，就是通过人力资源管理实现员工的工作满意度，并进而实现员工对组织的强烈归属感和对工作的高度投入。因此，组织要想实现对人力资源的最有效配

置，就必须全面介入心理契约的EAR循环，通过影响EAR循环来实现对员工的期望。所谓EAR循环，是指心理契约建立（Establishing，E阶段）、调整（Adjusting，A阶段）和实现（Realization，R阶段）的过程。

1. 心理契约的建立阶段

在心理契约的建立阶段，影响心理契约形成的外部因素主要包括社会环境、组织提供的信息和社会线索等。

社会环境主要包括社会文化、社会规范、社会道德和法律等诸多要素，它们构成了在一个社会中人们对于责任、义务、权利的广泛理解和信念，是心理契约的形成背景和操作条件。组织提供的信息主要包括招聘和录用时组织的许诺，组织高层人士的公开陈述，组织政策描述，如组织手册、薪酬体系、其他有关人力资源方面的书面文件，组织在社会中赢得的信誉和社会形象，员工对于高层管理人员、直接上级主管、工作同事的言行观察等。社会线索主要是来自组织中的其他同事或团队成员的信息。组织应了解员工的期望，并使员工明确组织及其所在部门的现状及未来几年内的发展状况，从而帮助其建立一个合理预期，促使其趋同预期而努力工作。

2. 心理契约的调整阶段

心理契约建立在对组织未来预测的基础上，当现实与预测产生偏差时，调整不可避免。组织应及时与员工沟通，现在出现了什么新情况，所以期望其进行调整。特别当组织的状况发生重大改变以致引起员工的心理剧烈波动时，高层的及时沟通能降低员工的心理负担，降低负面影响。

具体到学校与教师之间的心理契约调整阶段，一所学校的发展壮大永远是处在一个动态过程之中，教师与学校之间的关系也处在一个微妙而多变的波动状态。在这种波动状态下要保持学校、教师两者间的心理平衡不被打破，应做到引导教师把个人的生涯计划和组织的生涯管理相结合，建立伴随学校发展的教师职业生涯规划是解决问题的最好办法。在建立这样的教师职业生涯规划时，通过学校内的教师生涯发展系统帮助教师把组织和个人的需求结合起来，制定综合性目标，包括理想的职称、技能应用水平、教学能力水平等。

3. 心理契约的实现阶段

达成与维持“心理契约”要以以人为本的企业文化为氛围。健康向上的企业文化能在企业中创设出一种奋发、进取、和谐、平等的企业氛围和企业精神，为全体员工塑造强大的精神支柱，形成坚不可摧的生命共同体。以人为本的现代企业文化，指的是现代企业的文化价值观应建立在注重人的能力充分发挥这一基石之上，企业的一切经营管理活动都围绕如何正确发挥人的能力。这里的能力，特指有益于企业人的合理生存发展、社会职业活动和社会发展的能力，其精神实质在于倡导企业员工通过充分正确发挥其能力，为企业多做贡献，实现个人的社会价值。

现代企业理论认为，企业员工把自己的工作自由与权利交给企业安排，是因为他们相信企业能实现他们的愿望，能提供与之工作绩效对称的发展。否则这种平衡是不能维持的。建设以人为本的企业文化，实现人尽其能，人尽其用，高效开发员工的能力与潜力，无疑给达成与维持心理契约创设良好的氛围、空间，增强员工努力工作的热情与信念，激发企业与员工共同信守“契约”所默示的各自对应的“承诺”。因此，这种企业文化的建设，要求企业及其管理者为职工的能力发挥提供良好的制度保障、有效的机制、正确的政策和宽松的企业氛围。换言之，它要求建立一个以能力发展为价值导向的企业经济体制及其运行机制；还要求每位企业员工把能力最大限度地正确发挥作为自己价值追求的主导目标，并积极为此而努力。在这种文化之下，企业领导与员工上下同心，使经营理念得以落实、共识得以建立，公司使命得以实践，实现人与事的理想结合。

简而言之，虽然“心理契约”只存在于员工的心中，但它的无形规约，能使企业与员工在动态的条件下保持良好、稳定的关系，使员工视自己为人力资源开发的主体，将个体的发展充分整合到企业的发展之中。所以，只有充分把握心理契约，参与员工 EAR 循环过程的始终，企业才能创造出永远充满活力的组织。

心理契约具有动态性的特点，随着时间的推移原先实现平衡的心理契约有可能被打破，需要建立新的心理契约，企业就将随着员工进入下一个阶段的 EAR 循环。

### （二）心理契约纳入学校绩效管理的建议

根据 EAR 理论及其阶段分别对教师心理契约建立阶段、调整阶段和实现阶段提出具体的建议。

#### 1. 建立阶段的建议

（1）应该高度关注教师的期望值，在始业阶段就能够同教师深入交流，双方共同明确一个对彼此的合理期望。强调双方坦诚沟通的原因在于，如果学校单方面为教师设定的期望值与教师所要求的期望值差别太大，学校运用再多技巧，教师也不会接受。另外，还必须注重教师的始业教育。在教师从事工作的开始阶段，学校就应与其打下坚实的“心理信赖”与“心理期望”基础，这对于绩效的不断提高是至关重要的。在始业阶段的教师，往往希望通过自己的努力尽快得到学校的认可，渴望更多的发展机会和空间。而且始业阶段所表现出来的高绩效若能较为迅速得到充分肯定，这对新教师工作信心的树立以及鼓励他们形成一种积极的工作态度和更高的工作标准具有重要意义。这种无形的指导与牵引支撑教师所带来的新的绩效与新的成功，又会进一步强化新教师的工作态度和工作标准。

（2）建立学校发展的愿景。挑战性愿景使组织成员有更大的空间发挥才能，会提高成员对组织以及组织管理者的心理认同度。学校是从事教育工作的公益性社会组织，教师是社会成员中具有较高文化水平精神追求的群体。学校管理者应该针对学校教学科研、养成教育、管理咨询等工作内容与要求建立不同的教师团队，分别赋予不同的工作要求和期望，结合其热切追求的共同回报，引导他们产生趋同于学校的心理期望，建立既符合教师自身价值追求又具有一定挑战性的学校发展愿景。这样的学校愿景不仅反映出学校管理者对教师知识水平和专业技能的认可与尊重，还能够为教师提供展示能力与实现专业发展的机遇，更易于引起教师的心理共鸣、产生强大的感召力，可以有效提高并持久保持学校凝聚力，使教师更愿意奉献他们的忠诚与才能。

（3）教师录用传递真实准确的信息。在新教师招聘和录用过程中传递真实准确的信息，是学校管理者创建与信守心理契约的基础。新教师怀着美好的愿望与学校达成了心理契约，但当进入教学岗位后，发现现实与期待的有很大差距，就会产生挫折感，感到心理契约被破坏。因此，对于学校而言，想吸收好的教师，应该实事求是的对学校目前的师资情况、生源情况、学生的成绩等进行介绍，避免新教师对工作产生不切实际的期望。在面试时，学校管理者也应该同应试者充分交流，了解清楚新教师的真实期望是什么。在此过程中，应该注意不同的教师个体对于工作的期望是不同的，需要逐一了解其心理期望，不能以偏概全，也不能搞“一刀切”。例如，对于实现自我愿望强烈的教师，他们的期望就是相对宽松的环境、更多的发展空间以及学校对其教学思路的支持。

（4）向教师明确表达学校的期望。在招聘和录用过程中，也需要向教师清楚的表达学校对教师的期望。一般来说，需要向教师介绍学校的发展历史、愿景、价值观，并且在此基础上，对教师提出具体的期望，包括学生素质的提高指标、教学指标、敬业精神等。另外，可以在此阶段向教师提出一些较高的期望值，从而鼓励教师向更高的目标努力。对教师提出较高期望，一方面是教师在心理契约中应该履行的义务；另一方面又是教师在心理契约中的收益。对于一些富有进取精神，不计较个人收入和得失的教师来说，他们已经完全履行了同学校心理契约中的应尽义务，而学校对于这部分教师，在心理契约中应该做的就是，给予足够的信任和鼓励，提高对这些教师的要求，这也能够极大地维护这些教师的自尊心，保持其旺盛的斗志。

在具体的实践中，建议：①安排新教师参观学校校园，了解学校文化，价值主张。学校管理者可以通过此种途径明确地向新教师表达学校对教师的期望和要求；②安排新教师举行公开课试讲，组织学校同科教师观摩，并且在试讲课后根据教师的实际情况进行评价，帮助新教师了解自己的不足，为新教师设定教学水平提高的目标；③安排新教师同学生和学生家长见面，让新教师直观、切实地聆听学生及学生家长的心声，这些需求同时也帮助新教师明确自己所应该努力的方向；④一般负责教师招聘的是学校人事部门的管理人员，并不一定是将来与新教师有上下级关系的人，但新教师往往误认为招聘人员可以将其心理契约传达给自己的上级，在这种情况下，如果传达不到位，新教师就会产生失望情绪。所以在招聘过程中，应该在人事干部之外安排一名中层领导和一名同科的教师，组成招聘小组，共同参与新教师的招聘工作。

2. 调整阶段的建议

（1）建立学校与教师的良好沟通机制。心理契约的主观性和动态性决定了学校和教师的期望都在随各种客观条件的变化而不断调整，管理者必须理顺学校信息反馈体制，建立健全各种正式、非正式的沟通渠道。沟通是指学校管理者与教师之间、教师与教师之间信息的有效传递与接收，是知识型组织成员提高效率和信息资源共享的重要途径，也是建立共同价值观的基础。教师各自掌握着特殊的专业知识和技能，教学工作具有较强的独立性，管理者应该利用各种渠道和手段创造一种开放的沟通环境使教师能够分享他们的工作经验和想法，表达自己的失落感和满足感。如果教师能够顺利地表达内心情感并得到理解与认可，及时消除彼此之间的分歧、误会和成见，就能更好地调整心态和行为。因此，有必要建立有效的沟通机制，管理者也要具备较高的沟通技巧，通过中层管理人员的工作或各种会议、文件等方式向教师表达学校的发展前景以及对教师个体及群体的希望和要求，并通过中层管理人员的工作或教师自身的诉求，随时了解并掌握教师个体及群体对学校的合理期望，实现教师与学校双方期望的协调统一和默契，保持双方期望在动态中的平衡。

（2）学校管理者要密切关注教师的工作满意度。工作满意度对教师的绩效有着至关重要的影响，从某种程度上讲，工作满意度就是教师对学校是否履行了心理契约的直接回答。学校管理者应该不定期地对教师的工作满意度进行调研，同时建立同教师间零距离的接触机制，认真听取教师反馈的意见，对于可以马上解决的问题，应该立即解决，对于短期内不能被解决的问题，也要尽快给出合理的答复和解释。当然，从心理契约是对等的契约关系来看，学校也不可能对所有的不满意都做出回复，学校也要引导教师在此过程中调整自己的心理契约，理解提升满意度不是单方面的，需要教师和学校两方面的努力，在新的情况下，不断地调整心理契约，达到新的平衡。物质和精神需求的满足程度决定着教师工作满意度的高低，从而直接影响其工作积极性与主动性的发挥。摸清教师对学校工作的满意程度可以帮助学校管理者及时掌握教师工作状况，调整工作思路和方式。

学校管理者可以通过个别或集体谈话、会议反馈、问卷调查等方式，搜集教师对工作条件、人际氛围、业务进修、晋升机会、工资报酬、组织效率等方面的反馈信息，了解教师对学校的总体满意程度。掌握这些信息以后，就应该及时调整学校的发展思路和规章制度，改进工作方法，改善工作环境，帮助教师提高对目前物质生活与精神生活的满意度、提高对工作环境和条件的满意度。但是，人具有一种高估自己的能力与成绩而低估他人的倾向，即相当多的不满情绪不是来自工作环境、学校目标或他人，而是来自个体对自己工作成就或失败原因的非理性认识，即把工作成绩归因于自己的能力，把失败归因于外部条件或他人。

因此，当教师对薪酬有抱怨时。解决的方法不是有求必应，而是通过全面对比以佐证学校薪金福利体系的合理性，或加强部门间、教师间的交流，或引导教师从单纯重视物质收入转向兼顾职业素养的提升和理想价值的实现。

在具体实践中，可以考虑以下内容。

第一，充分利用信息技术优势，建设学校网站，设立教师论坛，让教师可以在论坛上畅所欲言，甚至发表对学校管理各个方面的批评和建议。而学校的管理者对这些讨论也应该保持开放、开朗的心态，勇于接受各种批评建议，并且随时同教师在论坛上进行互动，遇到教师提出的问题都及时予以解答，绝不敷衍了事。有些时候，教师也需要这样一个宣泄的途径，在宣泄的同时教师也往往能够调整心态，调整心理契约中的期望。这样一个开放的论坛就完成了学校管理层心理契约中的一个重要义务，给予教师一个开放透明的平台，使其可以自由的表达观点，心中的想法得以抒发，积聚的郁闷得以缓解，压力得到释放。

第二，学校管理者同一线教师定期沟通。学校应该设定明确的制度，即学校管理层必须每个月同一线教师进行座谈，了解一线教师的心声，及时为一线教师解决实际问题。这项举措打开了教师的心扉，并且可以及时了解教师的心理状态，修正教师与公司之间的心理契约，如果公司有任何无法达成的义务，也可以借此机会同教师进行沟通。同时这个举措也让教师感到自己受到尊重，自尊心得到维护。

（3）指导教师矫正巩固心理契约。当新教师开始进入工作状态时，他们一般都充满热情和各种幻想，这对刚走上社会的年轻教师尤为如此。然后几个月甚至更短的时间，他们的热情逐步蜕化，从工作的惊喜走进相对低落的精神状态。这倒不是学校没有履行心理契约的义务，而是一名新教师达到正常工作状态必然要经历的心理调整历程。学校的管理者必须意识到这种情况，并进行正确的管理引导。如果新教师失去了他们起初的工作热情，就要允许他们表达不满和唠叨。在具体实践中可以从以下方面进行考虑。

第一，设立新老教师的“传帮带”体制。老教师通过一段时间的积累和沉淀，已经同学校形成了比较稳定的心理契约，这种对学校的看法，对自己的定位有助于帮助新教师迅速融入环境，调整好心态。当然新教师的闯劲和工作激情也有助于老教师反思自己的工作，推动老教师继续拼搏，创造更好的教育教学成绩。

第二，对教师的教育教学工作定期回顾，并设定新的目标。心理契约不是单方面从教师角度出发，而是从教师和学校两个方面考虑各自的权利和义务，因此学校也应该对教师的各方面情况定期回顾，根据教师的各方面情况，提出对教师新的期望和要求。

第三，开展课堂教学和各种专业技能的评定和竞赛活动，调动全体教师钻研业务技能的积极性、主动性和创造性，逐步形成公平、公开、竞争、择优的人才选拔机制，让一些优秀教师脱颖而出，使他们在各自的岗位上发挥自己的才能，使自身的价值得到充分体现。

3. 实现阶段的建议

（1）绩效考核公开透明。绩效考核是绩效管理过程的重要阶段，是学校管理人员（或暂时选定担任考核的人员）通过与各个岗位的教师之间双向或多向的沟通，根据学校制订的考核标准和各项具体工作完成情况，在分析和判断的基础上，对承担该项工作的教师形成考核成绩，并将绩效考核成绩反馈给教师。在这个工作过程中公正和公开尤为关键。应当最大限度地提高绩效考核的透明度，让广大教师享有知情权、参与权和决策权。考评方案、评价标准、评价程序、评价方法等必须由学校管理者与全体教师或教师代表共同制定，对于同一岗位的教师，要使用相同的考核标准。教师有权知道考评结果。学校管理者应该及时向考评对象反馈信息，这样做会产生积极的效果。学校管理者要重视绩效考核的信息反馈，因为它既直接关系到绩效考核的成败，更是改善和加强领导与教师关系的重要途径之一。

学校教师的职称晋升全部进行公示，公示在全校范围内进行，每位教师候选人的业绩都公示出来。其间如果有人对候选人有任何意见，都可以以匿名形式向学校晋升委员会提出异议，由学校晋升委员会进行认真调查。这样的制度让教师都会觉得公平、公正和公开，不仅起到了表扬、提拔先进的作用，还再次在实践中体现中公正，让全体教师心服口服，起到提高凝聚力和战斗力的作用，保证全校绩效的完成。

（2）建设符合学校特点的校园文化。心理契约的实现还有赖于以人为本的校园文化氛围，这是由学校管理的特殊性决定的。学校的根本任务是培养人才，即教师在学校管理者的管理下开展教育和培养学生的活动，所涉及三个方面：学校管理者、教师、学生，是一个由人—人—人构成的管理系统，所以学校管理归根到底还是对人的管理。以人为本就是坚持人的自然属性、社会属性、精神属性的辩证统一，这是学校管理者从事学校管理工作时应该树立的一种教育管理哲学。

通过能够促使教师不断努力工作、不断探索进取的激励机制，保障学校各项工作的顺利开展；通过能够保证教师民主、平等相处的人文环境，使教师在和谐的人际环境中得到精神享受；通过塑造发展愿景形成强大的精神支柱，把教师队伍打造成坚不可摧的奋斗共同体。教师发展主要表现为教学业务专业能力的发展、社会地位与人际交往的发展、物质与精神享受的发展等。

健康向上的校园文化能在学校中创设一种奋发、进取、和谐、平等的学校氛围和学校精神，为全体教师塑造强大的精神支柱，形成坚不可摧的生命共同体。以人为本的学校文化，指的是学校的文化价值应建立在注重人的能力充分发挥这一基石之上，学校的一切管理活动都围绕如何正确发挥人的能力，如何促进和保障教师发展。这里的能力特指有益教师的合理生存和发展、社会职业活动和社会发展的能力，为学校多做贡献，实现个人的社会价值。

这种校园文化的建设要求学校及其管理者必须通过扩大教师民主，尊重并发挥教师在学校管理中的参与权、充分发挥中层管理人员的纽带作用建立良好的制度保障和宽松的人文氛围，使学校管理者与教师上下同心，教育理念得以落实，共识得以建立，学校使命得以实践，真正实现人与事的理想结合。现代教师管理理论认为，教师把自己的工作自由与权利交给学校安排，是因为他们相信学校能实现他们的愿望，能提供与之工作绩效对称的发展。否则这种平衡是不能维持的。建设以人为本的校园文化，实现人尽其能，人尽其用，高效开发教师的能力和潜力，无疑给达成与维持心理契约创设了良好的氛围和空间。

（3）兑现承诺，合理解释可能的变数。作为一种信念系统，学校心理契约建立在教师与学校双方互相信任的基础上，学校违背契约会导致教师产生强烈的背叛感，甚至失去安全感。学校在心理契约中始终处于主动和强势地位。管理者应该首先要信守对教师的心理承诺。尽量履行承诺，以换取教师的忠诚。因为每位教师都会认为，只要自己履行契约中自己的责任，组织就会履行对他们的义务。当学校不能满足教师期望，或者教师反映学校有心理契约违背时，管理者不能漠然处之，应该迅速开展调查和研究，及时分析原因并采取补偿措施，对于学校已经无力承担的承诺或教师自身的理解错误，应该通过耐心细致地引导，给予教师合理解释，以免教师出现极端行为。

心理契约的变化、破坏或者违反，都会导致教师情绪和行为的变化。其中起重要作用的是教师对心理契约变化与违反所做的归因。如果教师归因于学校故意违反心理契约，那么教师会产生负性的情绪，他们会对学校的管理者的所作所为进行谴责，从而会降低自己的工作表现甚至离职。如果将教师的判断和解读引导为双方理解的不一致，这种情况会好很多。研究发现，在归因和公平感之间存在复杂的交互作用，如果教师归因于双方对心理契约的理解不同，公平性的作用就不存在，反过来如果教师感觉受到强烈不公平的待遇，这也会严重影响到他们的归因结论，并且会扩大心理契约被违反的程度，从而形成负性的反馈环。

因此，学校应该通过自己的行为来消除教师内心对公平的担心，让教师相信，在心理契约的实现阶段，学校并不是有意违反心理契约的内容，只有由于一些客观原因导致了心理契约的违背，所以在这种情况下，学校管理人员做出良好的姿态，主动安抚教师，恰当地运用管理技巧，将心理契约的破坏归因于客观而不是学校管理者的主观因素。

（4）为教师提供更为宽松的工作氛围。给予教师一定的自由空间。学校为了加强对教师的管理，往往会制定各种各样的规章制度，例如考勤制、奖金发放制、坐班制、早自修监督制等，然而，教师工作的性质和教师劳动的特点决定了更多的时候，规章制度是无法约束激励"心"的劳动的。教师队伍最大特点是都受过高等教育，自律性很强，如果给予教师一定的自由空间，实现教师的自我管理、自我控制，一定会最大限度地释放出教师的创造激情，对于提供教师所带班级学生综合素质的提高也非常有帮助。

（5）学校管理者要做到"四容"，具体如下。

第一，容纳比自己所长之人。作为学校管理者应有自知之明，要容纳比自己所长之人。只有这样，学校才有希望。

第二，容纳有缺点但有特长、有事业心的人。只要这种缺点不影响学校正常教育秩序，不损害学校利益，不破坏师生之间的团结和友谊，就应该采取容忍的态度。特别要把个性与缺点区别开来，把心理问题与思想问题区别开来，批评教师的缺点要谨慎，要正面引导，要把握分寸，要尊重教师的人格。根据笔者的经验，所谓有缺点的教师，其优点也十分明显，且往往有特长富有事业心。能容纳这样的教师，无疑是有利于学校教育教学工作的。

第三，容纳敢于提相反意见，甚至反对过自己的教师。人总是喜欢听好话，但设身处地想一想，教师敢于提与自己相反的意见，甚至反对自己，总是有一定道理的。有了容人的肚量，学校就有了民主的氛围，人心更齐。

第四，容纳犯过错误但愿意改进的人。教师有时所犯的错误往往是出于好的动机，犯错是考虑欠周所致。学校管理者持这样容人的态度，不但能提高犯错误教师的认识而促使其改进，而且其他教师也受到了教育。把握了上述四种容人原则，就能做到人尽其才，物尽其用，充分发挥每位教师的积极性，即使有用人不当之处时也会得到教师的谅解。

（6）进行360度考评。360度考评的含义是：在季度或年度末考评时，不仅仅学校给教师进行考评，教师同样也有权利对学校管理者进行考评。这样做的好处是显而易见的，学校给教师进行考评，主要看教师的业绩是否履行敬业爱岗等心理契约的内容，而教师对学校管理者进行评分，也是赋予了教师表达其对学校管理者是否有效的履行了心理契约相关内容的权利。通过360度考评，教师和学校双方就会比较清楚的知道，自己距离对方的心理期望还有多大差距，可以通过何种方式来提高。这也提醒我们，学校管理者要以身作则，注重言行，自觉遵守学校各项规章制度，在教师中起表率作用。比如学校制订党政干部廉洁制度、民主评议干部制度、干部联系群众制度、干部年度考核制度等，学校管理者都应置身于共同的约束之中。

## 第三节　积极心理学在我国学校教育管理中的实践

### 一、积极心理学教育实践分析

概括来说，积极心理学的观点主要有三：①实现平衡的心理学价值观，积极心理学的目标与病理心理学不同，是关注人的优势，致力于给人力量；②强调研究每个人的积极力量，挖掘个体的潜能并使其充分发挥；③提倡对问题做出积极的解释，将人格分为积极解释风格和消极解释风格。学界循着这些观点开展研究，取得了丰硕成果。

在积极心理学研究不断取得成果的同时，其实践应用也广泛深入教育、管理、临床、咨询、灾后心理治疗等领域中。积极教育正是积极心理学在教育领域应用的重要成果。积极教育是将积极心理学原理应用于教育领域的范例，旨在加强学生幸福和学习之间相互增强、相得益彰的关系。概言之，积极教育被视为表示积极心理学对学生的健康幸福具有重要影响力的关键专业术语。积极教育的内容涵盖希望、感激、心理弹性、心理健康和幸福、成功应对、情感、生活满意度、心理资本、乐观、幸福、宽恕以及作为人的价值等。

积极教育力图将积极心理学的先进观点应用于教育领域，其内容几乎涵盖了积极心理学的全部领域，主张以积极的态度重新解读教育，在学生学习的过程中同步提高其幸福感。积极教育不仅关注一般人群的教育，更关注诸如贫弱、失依、失养等弱势群体的教育，并且被赋予了“突破”（改变处境）和“康乐”（精神蓬勃）的使命。

## （一）国际实践

国际上对积极教育的实践探索始于21世纪初，大致可以分为两个阶段：第一阶段主要关注针对性训练及具体能力的提高，其代表性成果包括宾夕法尼亚心理弹性项目（PRP）和施特拉斯港积极心理学课程项目；第二阶段以全面推行积极教育为标志，最具代表性的是澳大利亚吉朗文法学校的积极教育实践。如果说前者是试点探索的话，那么后者可谓系统实践。

### 1. 试点探索

PRP的主要目标是增强学生恰当处理日常生活中经常遇到的问题的能力，是一个以认知行为疗法帮助学生预防抑郁的项目。它通过教授学生如何灵活地、多角度地思考问题来提高他们的乐观心理。PRP项目的主要训练方法包括讨论、技巧讲授、教室中进行的角色扮演以及巩固效果的家庭作业。通过这些方法，它训练了学生的自信心、创造性思维、观点采择能力、决策能力、应激能力和情绪管理能力等。

PRP项目可减少并预防抑郁症状；能减少绝望无助，增加乐观的心态及主观幸福感；对病理性的抑郁和焦虑有预防作用并可减少日常生活中的焦虑；减少了问题行为；对于不同种族背景的学生有同样的效果；增加了与健康相关的活动，减少机体疾病，使接受该项目的学生坚持更健康的饮食习惯、进行更多锻炼。因此，它成为世界范围内备受瞩目的预防抑郁的训练方法，同时也为利用学校环境促进学生发展的积极教育相关研究提供了经验。虽然其效果的稳定性尚在检验之中，但这并不影响它在美国、英国、荷兰、澳大利亚和印度等国家得到广泛应用。PRP项目在预防抑郁、减少焦虑以及学生的问题行为上是有效的，但它只关注心理弹性。相对而言，施特拉斯港积极心理学课程关注更加综合的层面，包括积极的人格品质、积极的社会关系，以及增加积极情绪、减少消极情绪等。

与PRP增强学生处理问题的能力不同，施特拉斯港项目的主要目的是帮助学生发现他们的积极人格，并在日常生活中更多地利用这些积极特质，同时也促进学生心理弹性、积极情绪、目的意义以及积极社会关系的发展。施特拉斯港课程的主要内容，包括讨论积极人格等积极心理学的概念和技巧，通过丰富多样的课堂活动和家庭作业使学生们将学到的技巧进行应用。其中两个经典活动是“三件好事练习”和“以新的方法应用积极特质的练习”。

应用积极特质将会提高个体对自身积极特质的认知并且更有可能使得积极心理学的技术与所面对的问题之间达到平衡。

2. 系统实践

以 PRP 和施特拉斯港项目为代表的实践尝试重点关注学生各方面能力的提高以及积极人格特质的应用，而吉朗文法学校的实践，则致力将积极心理学与学校生态系统充分结合，将积极教育渗透至学校教育的所有环节，以建构一个全面的积极教育应用框架。虽然建构积极教育应用框架的目标很明确，实际操作却相当复杂，特别是在此前没有任何操作性框架为指导或参照的情况下。澳大利亚吉朗文法学校却在此方面开了先河。

吉朗文法学校致力于让学生们都能过有意义的生活。在现代生活压力和焦虑倍增的背景下，旧的教育模式和框架已经无法胜任新时期的教育任务。正是由于存在着这样的办学宗旨和时代变化的压力，吉朗文法学校更希望学生能够在学习中感受到幸福，在生命中感受到更多的意义。

吉朗文法学校对积极教育的应用形成了一个三层的结构模型：最顶层是康乐幸福这一最终目的；第二层则是这一目的的六个侧面或六种表现，分别是积极情绪、积极投入、积极成就、积极意义感、积极社会关系和积极身心健康；这六个方面在学校教育中的具体体现，就是最底层的三个水平，即健康幸福的直接教学、镶嵌式学习以及在生活中的应用。同时，吉朗文法学校建构的积极教育应用模型的第二层包括了六种含义广泛而又内在联系的侧面：积极情绪指的是学生预见积极情绪的产生，感受并延长积极情绪体验以及建构积极情绪体验的能力；积极投入指的是有较强的社会兴趣、好奇心、专注力，并且在追求目标的过程中富有决心和活力；积极成就指的是积极追求有意义的目标，并在遇到挫折和挑战时仍然坚持的能力；积极意义感指的是为社会和他人做贡献的内在动力，这种动力给个体的生活带来价值感，对身心健康具有促进作用；积极社会关系的核心是促进个体与自身与他人之间关系完善的社交技巧；积极身心健康在积极心理学的框架下重点关注作为一个完整的、内在联系的有机体的个体的健康幸福。前五个侧面即著名的 PERMA 模型。

健康幸福的直接教学，指学生们参与独立的积极心理学的课程。学校在五年级到十年级的课程中安排了积极心理学有关的课程，帮助学生理解核心概念并在他们的生活中应用相关技巧和思维方式。镶嵌式学习指的是将积极教育融入文化课程中、运动场上、音乐中和礼拜堂里，通过广泛的应用，将积极心理学的概念与学业课程的任务联系在一起。学生们在课堂讨论中学到的内容在课后被再次强化。在生活中的应用则包括面向教职员工的综合性项目，目的在于帮助员工应用积极教育所倡导的技巧，从而作为学生的榜样。事实上，整个校园中几乎全部的员工都可以参与到训练项目中。

墨尔本大学对吉朗文法学校的积极教育实践进行了正式、独立的评估，其结果不仅直接反映出吉朗文法学校的成功经验，也折射出积极教育能够为学生的康乐幸福做出实在贡献的可能性。

### （二）国内实践

有关积极心理学和积极教育的学术探讨日益增多，受其带动，我国教育界在这方面的实践体现出从学术介绍到观念认同再到探索尝试的递进态势。随着理论的不断发展和完善，实践探索也呈现出良好的发展态势。我国研究者在多个实践项目中引入积极心理学概念，以身心健康、积极参与、积极社会关系、积极情绪等积极心理学核心概念作为理论指导，出现了一些精心设计的、比较符合我国文化传统的创新尝试。理论研究推动着积极心理学平衡的价值观对传统教育目标、内容和方法的更新。

积极心理学使传统教育的目标更具有普适性、主动性和发展性，积极教育的目标能够使更多的人受益，引导学生主动寻求发展。与传统教育相比，积极教育具有更加系统与完善的目标。积极兴趣、积极成就、积极目的等概念的引入，丰富了教育的内容：积极教育的实现依赖于适宜环境的构建，也要努力挖掘学生身上积极的个人特质，引领学生积极向上，培养学生拥有感受快乐的能力。心理健康教育在我国一直受到重视，而积极心理学理论的引进也改进了心理健康教育的方法：通过家、校、社会合作，共同进行积极心理健康教育；高水平的心理健康课和心理咨询与辅导相配合，在学校教育中全面渗透积极心理品质的培养。

我国学校的实践探索中，积极心理学相关内核与精神率先呈现于对身心健康概念与实践的更新。心理健康教育内容与积极心理学理念的结合，大大拓展了大中小学校心理健康教育的内容和形式。

积极心理学在高等教育中的应用在心理健康教育方面也有所体现。比如湖南师范大学体育学院根据培养目标及学生特点，分阶段、分层次开设心理素质培养课程，包括社会心理学、体育心理学、康复心理学等。这些课程尝试打破传统的大学生心理教育模式（即以心理问题为专题，围绕某一问题进行探讨、提出解决办法的模式），转而提出八个模块的实践活动，包括认知发展、情绪稳定、意志优化、个性完善、学习适应、人际和谐、职业适应和心理障碍心理健康教育活动。除最后一个模块外，其他模块都较好地贴合了积极心理学的原理。在一些应用型本科院校的心理健康教育中，积极心理学的思想也得以运用。

积极参与意味着个体有较强的社会兴趣与好奇心、专注力，以及个体追求目标过程中的决心和活力。积极参与的产生有赖于积极人格特质的培养以及内在动机的激发。在我国很多针对积极兴趣的实践中，积极人格特质被放在重要的位置。比如，在幼儿教育中涉及潜能开发与人格形成，在学前儿童及小学教育中强调语言能力及智力发展，通过优势课程进行积极教育的教授以及积极教育的渗透等。

除了积极人格特质的培养以外，内在动机的应用也是促进积极兴趣的有效方式。职业学校体艺俱乐部通过培养内在动机为积极兴趣在职业学校教育中的应用提供了一种可能的模式。以培养学生的积极兴趣为目的，通过使学生在日常的课堂学习过程中发现自己的优势来提高内在动机，进而以更高的标准要求自己，逐渐摒弃某些陋习，得到自我提升。

积极的社会关系同样是康乐幸福的重要侧面。在个体与他人的良性互动过程中，积极的社会关系逐渐形成。依托全体教师在基础课程中渗透积极教育的理念，做到“教师少讲，学生多说”，鼓励学生对教师提问以及发表自己的见解。在提问和表达的过程中，学生如果能够从教师那里得到正面反馈，就是一种积极体验。长此以往，在教师和学生之间会形成一种良性互动，进而形成良好的师生关系，这也是建立积极的社会关系以及达成教育目标的主要途径。

还有一些实践则利用积极情绪的概念在课堂教学中培养学生的积极情感，使学生的情感与认知共同发展。将积极教育与日常学习生活有机结合，利用评选升旗手的机会引导大家发现同学身上的优点，增加学生的自信心，尤其是那些平时不够自信的同学。建立和谐融洽的师生关系可以促进大学生发挥主观能动性，加入体验式、互动式的教学手段，可以促使大学生获得积极的情感体验。通过建立学生体艺俱乐部的模式，充分培养学生的长板能力，减少成绩不理想带来的挫折感和自卑感，引导其发展自信心和成就感。

## 二、我国积极心理学学校管理的实践探索

### （一）积极心理学学校实践的要点

#### 1. 积极心理学三大支柱

积极心理学的三大支柱——积极体验、积极人格和积极的社会组织系统。

积极体验不仅仅是指愉快和快乐的特性或者是具有正向价值的情绪，其操作定义是能激发人产生积极行为或行为倾向的情绪。积极体验可以分为感官愉悦和心理享受。感官愉悦更多的是生理层面的，是驱力得到满足的愉悦感；而心理享受则来自个体对某种自我平衡的打破，超越了个体自身的原有状态，如学生解决了某个百思不得其解的难题的过程就是一种心理享受。与感官愉悦相比较，心理享受更有利于个体的成长和积极品质的培养，因此积极心理学的学校实践主要以培养或增进个体的心理享受为核心。

积极人格并没有一个明确的定义，但是积极心理学家们对人格的研究也秉承了心理学对人格研究的一贯方法——关注人格特质。目前已经归纳出 24 种积极人格特质（又称为积极力量），包括“对世界的好奇和兴趣”“判断力、批判性思维和开放性思想”“大局观”“爱和被爱的能力”“公民的职责、权利和义务”“忠诚、团队精神”等，这 24 种人格特质最终形成六种美德：智慧、勇气、仁爱、正义、节制和卓越。倘若能够促进这六种美德的良好发展，也就实现了积极心理学在积极人格这一领域内的最终目标。

除了积极体验和积极人格之外，积极心理学的第三大支柱是积极的社会组织系统。它是建构积极人格的支持力量，也是个体不断产生积极体验的最直接来源。积极的社会组织系统包括很多方面，其中国家、工作单位、家庭、学校等是几个最主要的方面。因此，积极心理学的学校实践中一项重要内容就是在学校管理中应用积极心理学原理构建积极的社会组织系统。

2. *从理论层面到实践层面*

西方国家的积极心理学思想虽早已有之，但真正为人们所熟知的还是在《美国心理学家》杂志（2000 年第 55 卷第 1 期）上发表的《积极心理学导论》一文。从那以后，积极心理学以美国为中心蓬勃发展。美国、欧洲等地不仅成立了积极心理学学会，而且每年都会定期召开积极心理学研究年会，同时积极心理学学会还每两年举行一次世界性的积极心理学高峰会议。澳大利亚的积极教育学校联盟（PESA）每年都举行由学者、管理者和教师等参与的大会。可以说，积极心理学已经形成了一种世界性潮流。

我国在这方面的思想虽自古有之，但现代意义上的学术研究主要始于 2010 年以后。虽起步较晚，但也取得了值得关注的进展。比如，中国心理学会的积极心理学专业委员会筹备工作已经迈出实质性的步骤，中国国际积极心理学大会截至 2023 年已经成功举办了五届。但有一点必须提及，目前国内的大部分研究主要还停留在理论层面，尚鲜见持续深入的系统研究，有不少研究只是对国外进展与经验的简单总结。因此，积极心理学学校实践这一问题，应当得到国内专家学者和实践者的更广泛关注。学习国外的先进经验固然是必要的，但是最终还是要落实到国内学校的实际情况，不可照搬照抄。

3. 以人为本的思想基础

积极心理学的学校实践当然更离不开以人为本。将以人为本的思想在学校教育实践中要求充分关注学生的发展，为学生提供必要的机会，力图让每一位学生都达到其能力水平所应达到的标准。同时，也要关注包括后勤服务人员在内的所有员工的积极发展。唯有“全员”“全域”，才能真正在学校场域开展以人为本的教育实践。

## （二）积极心理学学校实践的策略

1. 提高学生的幸福感

积极情绪体验中的一个重要概念就是“主观幸福感”。人们之所以能够体验到主观幸福感，其中的两个要素就是“主观”和“幸福感”。人们能够意识到自我是独一无二的存在，这种自我意识是人区别于其他动物的原因，也是人们产生“主观”感受的根本原因。而“幸福感”的产生则需要个体意识到此刻的生活状态是令人满意的。因此教师需要激发学生在学习过程中的自我意识，引导其体验幸福和满足，这是积极心理学在学校教育实践中应用的重要策略。同时，也要注重提升学生的“心理幸福感”。作为对自我生存质量综合评价而产生的一种比较稳定的认知和情感体验，心理幸福感包括自我接纳、个体成长、目标感、良好关系、环境控制、独立自主、自我实现、生命活力诸维度。

2. 充分发展积极教育

积极教育强调教育不仅仅是纠正学生的错误和不足，更主要的是发现并研究学生的各种积极品质（包括外显的和潜在的），并在实践中对这些积极品质进行培育和提升。这与积极心理学的价值观十分契合，也是教育重新定位并适应现代社会的重要表现。

这一策略是“以人为本”思想要点的延伸。教育是对人的教化，目的是使人成为人。与传统教育模式不同，积极教育使人更具有生产性和道德性，即具有一定的知识、能力和社会道德；同时对人进行鉴别，并创造条件使人的才能得到充分体现。一个人的天赋得到了充分的发展，他将会去追求最高层次的需要，也就是自我实现的需要。即使没有实现既定目标，他也不会认为生活缺乏意义，因为追求的过程本身就充满了积极的意义。

在我国学校教育实践中，要充分发展积极教育实践，可尝试增加综合性的实践项目。充分利用学校环境资源，结合中国文化背景，将各种具体的实践项目进行有机组合，逐步建构出符合我国教育传统的积极教育的可操作性实践框架。

3. 关注教师积极发展

作为积极心理学三大支柱之一，积极的社会组织系统在最初提出的时候更多的是指社会制度，但是应用到学校教育领域，社会组织系统则可以认为是规则的制定、对学生和教师的管理等。

教师是学校这个小社会中不可或缺的、起到关键作用的重要组成部分。既然要关注社会环境，也就要关注教师的积极发展。如果说学生的积极发展需要教师积极引导，那么教师的积极发展就需要学校管理者制定良好的制度以保障教师的基本需要、提升教师的幸福感，比如赏识教师、维持良好的公平秩序等。在学校中营造出良好的社会环境，才能让教师对这份工作怀有积极的期待，进而发挥出全部万方数据的潜力做好教育学生的工作。

当然，教育管理者与教师的教育理念更新不可或缺，只有“以人为本”的思想深入教育管理者与教师的教育理念，才能在传统教育仍然占据主要地位的背景下营造出适合积极心理学蓬勃发展的土壤。这既有赖于学术界对积极心理学和积极教育的研究不断取得进展及在此方面培养更多专业人才，还有赖于对包括校长在内的管理者和教师进行这方面知识技能的系统培训。

### （三）积极心理学学校实践的方案

1.“培优”代替“补足”

传统教育是一种“补足”的模式，也就是说哪里不足补哪里，以实现人的全面发展。这种模式来源于人们常用的“木桶”比喻——木桶能盛多少水取决于最短的板有多长。听起来似乎很有道理，但事实上“补足”的教育模式会使学生产生消极情绪。每天面对自己所不擅长的科目，并不能得到“积极体验”也无法感受到幸福感并提高学习的内在动机。他们只会在失败和错误中放弃，在下次遇到挑战性较强的任务时主动逃避，而去做那些较为容易、他们认定自己能够胜任的事情，这是一种“固定思维”。

与“固定思维”相对的，就是“成长性思维”。“成长性思维”就是“让大脑成长”——相信头脑是可塑的，智力或聪明是可以通过后天努力获得的。只要学生具有这种思维或这种思维的倾向，他们就能够在工作和学习中表现得更加得心应手，在面对挫折或困境时也更为乐观，更容易找到应对之策。想要促进“成长性思维”的发展，需要学生积累，通过努力获得成功的经验，而不是长期处在一种习得性无助的状态。

“培优”的教育模式能够有效地激发学生对问题的深度思考，增进学生对知识的探索，不断积累学生的积极体验。这正是促进“成长性思维”的适切方案。具体来说，可以尝试用“校本课”代替“补习班”，设置一些科普类的、人文类的课程（例如“天体物理”“化学实验”“品读鲁迅”等），这些课程既与传统课堂不同，又不会过分脱离日常的文化课。在校本课的“第二课堂”上，学生可以突破班级的限制，选择自己感兴趣的科目、喜欢的教师。由于校本课没有硬性的成绩要求，学生可以放心大胆地向教师提问、对感兴趣的主题进行深入研究。它从另外的角度切入，给学生带来与传统课堂完全不同的观感，能够充分激活学生的优势力量，同时也能充分利用学校的环境资源。

2. 增加社会实践与体艺活动

对积极情感体验的稳定的个体差异被称为积极情绪易感性，换言之，在这方面得分较高的人有更多可能感受到积极体验。虽然积极情绪易感性是稳定的个体差异，但还是有办法诱发出较高水平的积极情绪。行动比思考更容易诱发人们的积极情绪，社会实践和体育活动都能够激发人们的积极情绪；即使没有达到目标，单单是为了达到目标而努力的过程就足以调动积极情绪了。因此，在积极教育的语境下，社会实践和体育活动应当获得更多的重视。

具体做法可以考虑在学校实行将社会实践和体艺课计入期末成绩的方法。想要真正在学校推行社会实践，还要从根本上转变学生和家长的想法。至于体艺课，应当鼓励有能力开设不同体育课程的学校充分利用资源开设丰富的课程，并借鉴高校的选课制度，为学生创设一个自主参与的环境。当前中招考试中加入体育成绩的做法是值得称道的，但记分方式还有待进一步探索。

3. 提高教师的同理心

同理心又称共情，指的是站在对方立场设身处地进行思考的一种方式。即在人际交往过程中，能够体会他人的情绪和想法、理解他人的立场和感受，并站在他人的角度思考和处理问题。

如果教师能够很好地理解学生的感受，并做出适当的呼应反应，就会强化学生的成功感。要注意，所谓“适当的呼应反应”与简单的“强化”是不同的——适当的呼应反应要求教师以学生为主体，充分体会学生的感受，并做出适当合宜的反应；而简单的奖励和强化可能使学生产生外在动机导向，缺乏主体性和自我强化能力。举个例子来说，对于通过努力最终解出难题的学生，教师不应该仅表扬其做出题目这一结果，更应该表扬其深入思考努力探索的过程。久而久之，学生会将教师的表扬内化为内在强化的动机，使自己在学习和思考的过程中体会到快乐和自尊，而不是在遇到更难的题目时，一旦得不到好的结果就会感到十分挫败。

以上内容其实是对自我对象关系理论的应用。在镜像性自我对象关系中，自我对象的同理心、持抱和阻止的反应，合宜的反应能够帮助学生建立起自我的内聚感、整合感，提高其内在动机。所以积极心理学的学校实践需要提高教师的同理心，主要方法是定期对教师进行培训。培训宜分阶段进行，从最初的理论讲解，帮助常年从事一线教育的教师理解积极教育与传统教育的本质区别；到中期适用案例分析、情境学习等方法，深入研究国内外相关领域的成功经验——例如可以对吉朗文法学校的实践成果进行跟踪反馈；再到实战演练，通过不断练习，同时记录学习过程中的问题和思考，并且反馈给同期参加培训的其他教师。通过定期、较高频率的培训课程，能够使得教育管理者和教师充分理解“以人为本”的理念并将其运用到教学活动中。

# 参考文献


[1] 边昊天. 对学校心理健康教育体系化建设的若干思考［J］. 中小学心理健康教育，2020（11）：34-37.

[2] 边玉芳，吴洪健，张玲玲. 积极心理学视角下学校心理健康教育体系的构建［J］. 江西师范大学学报（哲学社会科学版），2018，51（6）：115-118.

[3] 蔡勇强. 素质教育中的心理健康教育［J］. 教育探索，2002（5）：73-75.

[4] 曹新美，刘翔平. 学校心理健康教育模式的反思与积极心理学取向［J］. 教师教育研究，2006，18（3）：65-69.

[5] 程样国，陈建华，王利皎. 论学校心理健康教育的衔接［J］. 教育学术月刊，2014（6）：32-35，75.

[6] 邓志军. 学校心理健康教育应注意的几个问题［J］. 教育探索，2002（7）：80-82.

[7] 方双虎. 学校心理健康教育课程建设的困境与出路［J］. 中国教育学刊，2007（8）：53-56.

[8] 冯墨女. 积极心理学视域下中小学心理健康教育模式探索［J］. 长春师范大学学报，2021，40（4）：144-147.

[9] 何元庆，冯娟. 论学校心理健康教育的渗透途径［J］. 中国卫生事业管理，2013，30（10）：773-774.

[10] 何源，徐济达. 引入心理拓展训练拓宽学校心理健康教育途径［J］. 中国学校卫生，2007，28（9）：836-837.

[11] 黄国英，雷玉霞. 学校心理健康教育课程教学设计初探［J］. 教育学术月刊，2009（9）：43-44.

[12] 李本松. 学校精细化管理的再思考［J］. 教学与管理（中学版），2010（2）：9-10.

[13] 李海萍. 学校心理健康教育课程的建设思考［J］. 教育理论与实践，2013，33（31）：49-52.

[14] 李洪波，胡子秀. 积极心理学在学校心理健康教育中的应用与价值［J］. 思想政治

教育研究，2012，28（6）：134-136.
［15］李小红，吕催芳. 学校心理健康教育课堂学习共同体构想［J］. 课程·教材·教法，2015，35（2）：94-99.
［16］李永鑫，陈珅. 素养：学校心理健康教育的基点［J］. 河南大学学报（社会科学版），2022，62（3）：110-116.
［17］梁次红. 论学校心理健康教育的实质［J］. 湖北农学院学报，2003，23（6）：462-465.
［18］刘桂芬. 运用积极心理学理念促进学校心理教师的自我成长［J］. 学术论坛，2010，33（5）：202-204.
［19］刘钦锋. 学校心理健康教育的系统管理与实施［J］. 产业与科技论坛，2016，15（8）：207-208.
［20］刘诗雄，宋秀国. 论学校精细化管理［J］. 中国教育学刊，2009（9）：43-45.
［21］刘野. 学校管理心理学的学科发展［J］. 辽宁教育学院学报，2002（9）：77-79.
［22］罗品超. 学校管理心理学［M］. 武汉：华中科技大学出版社，2017.
［23］茅晓辉. 积极心理健康教育引领下的幸福学校建设初探［J］. 中国特殊教育，2017（5）：74-76.
［24］桑标. 新时代学校心理健康教育应把握的四个特性［J］. 教育发展研究，2022，42（10）：1-9.
［25］苏明城，张向前. 激励理论发展及趋势分析［J］. 科技管理研究，2009，29（5）：343-345+339.
［26］孙兆礼，何竟轩. 学校心理健康教育技术化之路［J］. 中小学心理健康教育，2011（18）：23-25.
［27］万晓冬，邓志军. 心理健康教育与学科教学的渗透与融合［J］. 黑龙江高教研究，2006（2）：35-37.
［28］王瑞. 以心育心：为学生构筑心理健康教育课后服务网络［J］. 中小学管理，2023（2）：52-54.
［29］王卫卿，王永利，陈粲. 学校德育视角下学生心理健康教育的创新［J］. 教学与管理（理论版），2020（11）：71-73.
［30］王智，张大均. 学校心理健康教育教师的胜任特征研究［J］. 西南大学学报（社会科学版），2012，38（6）：84-94.

［31］吴际. 学校心理健康教育工作的服务模式探析［J］. 教学与管理（理论版），2017（3）：46-48.

［32］吴杰，郭本禹. 阿德勒个体心理学在我国学校心理健康教育中的应用［J］. 教育评论，2018（5）：92-96.

［33］席居哲，叶杨，左志宏，等. 积极心理学在我国学校教育中的实践［J］. 华东师范大学学报（教育科学版），2019，37（6）：149-159.

［34］肖凌燕. 积极心理学幸福观下的学校教育误区及对策［J］. 教学与管理（理论版），2015（3）：53-56.

［35］姚本先. 学校心理健康教育基本概念辨析［J］. 课程·教材·教法，2001（06）；64-68.

［36］叶子青，叶一舵. 学校心理健康教育三十年：历史演进与未来走向［J］. 福建师范大学学报（哲学社会科学版），2020（2）：140-147.

［37］张大均. 加强学校心理健康教育培养学生健全心理素质［J］. 河北师范大学学报（教育科学版），2002，4（1）：17-23.

［38］张如华. 论学校心理健康教育课程的性质［J］. 教育探索，2003（3）：85-87.

［39］张锐. 重新审视学校心理健康教育［J］. 中小学教师培训，2014（9）：59-61.

［40］赵献梓，王剑彪. 学校心理健康教育结合家庭干预对中学生心理健康的影响［J］. 中国学校卫生，2021，42（3）：408-411.

［41］朱琪雯. 重防优治：学校心理健康教育机制探寻［D］. 上海：华东师范大学，2022：47-62+102-115.